Aventuras e receitas de Ligia Azevedo

Aventuras e receitas de Ligia Azevedo

CIP-BRASIL. CATALOGAÇÃO-NA-FONTE
SINDICATO NACIONAL DOS EDITORES DE LIVROS, RJ.

A987a
Azevedo, Ligia, 1957-
Aventuras e receitas de Ligia Azevedo / Ligia Azevedo. – Rio de Janeiro: Best*Seller*, 2011.

ISBN 978-85-7684-516-4

1. Azevedo, Ligia, 1957-. 2. Autobiografia. 3. Culinária. I. Título.

11-1030

CDD: 920
CDU: 82-94

Texto revisado segundo o novo Acordo Ortográfico da Língua Portuguesa.

Título original
AVENTURAS E RECEITAS DA LIGIA AZEVEDO
Copyright © 2010 by Ligia de Alencar Azevedo

Capa e editoração eletrônica: Mari Taboada
Foto de capa: Marco Rodrigues

Todos os direitos reservados. Proibida a reprodução,
no todo ou em parte, sem autorização prévia por escrito da editora,
sejam quais forem os meios empregados.

Direitos exclusivos de publicação em língua portuguesa para o Brasil
reservados pela
EDITORA BEST SELLER LTDA.
Rua Argentina, 171, parte, São Cristóvão
Rio de Janeiro, RJ – 20921-380

Impresso no Brasil

ISBN 978-85-7684-516-4

Seja um leitor preferencial Record.
Cadastre-se e receba informações sobre nossos lançamentos e nossas promoções.

Atendimento e venda direta ao leitor:
mdireto@record.com.br ou (21) 2585-2002

Sumário

Agradecimentos 7

Apresentação 9

Prefácio 13

PARTE I **AVENTURAS**

1. Histórias da minha infância *17*
2. Da adolescência à maturidade *37*
3. E o pensamento voa... *49*
4. Meus trabalhos *71*

PARTE II **RECEITAS**

1. Apresentação *95*
2. Dicas *99*
3. Carnes *131*
4. Aves *187*
5. Peixes *245*
6. Massas *289*
7. Vegetarianos *305*
8. Sopas *321*
9. Musses e pastas *337*
10. Molhos *347*
11. Doces e frutas *353*

Agradecimentos

Agradeço a todas as pessoas que acreditaram em mim, seguindo os meus ensinamentos e, que dessa forma, deram o suporte indispensável ao meu sucesso. Meus alunos de ginástica, meus clientes do spa e os demais amigos e amigas, que, sempre ao meu lado, me incentivaram e contribuíram na construção da minha história, em grande parte contada nesta biografia.

Agradeço, sobretudo, ao amigo Ziraldo, que, há 28 anos, após ler a introdução que escrevi em meu primeiro livro de ginástica, *Receita de Mulher: o desafio do corpo*, mandou-me um fax questionando: "Ligia, você sabia que é uma escritora nata?" Foi o seu incentivo que me fez, confiante, chegar até aqui.

Um agradecimento especial à Sylvia Castro, jornalista que, nesses quarenta anos, acompanhou de perto o meu trabalho, seguiu meus passos na imprensa, como professora de ginástica e, como cliente do spa, observou os meus ensinamentos para manter o corpo em forma.

Agradeço ainda à imprensa, que deu cobertura a todo o meu percurso de sucesso profissional e fortaleceu a minha imagem e o meu nome, hoje transformado em marca.

E à Adélia Maria Koff, que, no livro *Caloria limitada*, organizou minhas palavras. Desta vez foi mais fácil, porque com vinte anos de amizade, ela não deixou que eu esquecesse os importantes fatos que, até agora, teceram a minha história.

Esta é a vantagem de termos amigos duradouros. A gente pode não ter memória para lembrar até o que não quer, mas eles não precisam fazer escolhas. São testemunhas oculares, mesmo que de parte das nossas vidas, e, assim, não nos deixam esquecer, nem dos fatos que um dia nos fizeram chorar, mas, principalmente, das nossas mais *deliciosas aventuras...*

Abril de 2009

Apresentação

Há 25 anos, escrevi meu primeiro livro, *Receita de mulher: o desafio do corpo*, colocando à disposição das mulheres tudo o que sabia para ajudá-las a manter a forma, ficarem bonitas e com saúde. Esse foi o começo de uma jornada que chegou mais longe e alcançou outros mundos. No primeiro livro, falo resumidamente de minha experiência e da minha vivência no mundo do esporte e do exercício. Oito anos depois, lancei o segundo livro, *Caloria limitada – Receitas de spa*, com uma bagagem bem maior, cheia de informações colhidas através da minha experiência no tratamento com pessoas que conviveram comigo nos spas.

Agora, lanço este, falando da minha vida, contando histórias que me vêm à lembrança. Foi uma infância confusa, em que carinhos, amores e abandonos criaram ao longo do tempo um intrincado de emoções fortes, de lutas interiores, dúvidas, medos com os quais luto até hoje, mas também de muitas certezas que fortaleceram minha alma. Para construir esta história que ainda não acabou, ainda tenho precisado lutar, mudar, transmutar, ceder, ou não, e muitas vezes errar. Mas acertos também acontecem, e muitos, eu diria. Não é um livro como os outros dois, que ensinaram métodos que, se seguidos, garantem saúde. Este agora não garante nada a ninguém, porque ao longo do tempo percebi que a cada segundo tudo muda.

Sou uma sagitariana típica. Desde o horóscopo mais primário ao mais sofisticado, todos retratam a minha personalidade. Isso já facilita bastante a minha autobiografia, pois me livra do desconforto de me autoelogiar e, sobretudo, de ter de reconhecer os meus defeitos. Para quem não me conhece, sempre digo: leiam o horóscopo dos sagitarianos do segundo decanato e também o de Virgem, meu ascendente. Eu sou a mistura dos dois. Portanto, jamais serei um enigma. Sou muito clara nos meus objetivos, e a franqueza, quando mais jovem, era meu maior defeito. Com o tempo, a gente vai aprendendo a dosar e a ter uma franqueza relativa e maleável.

Sou esportiva e dediquei-me ao esporte até bem pouco tempo. A minha disciplina vem daí, da consciência de que o caminho da vitória é esse. Disciplina, persistência e amor pelo que se faz. Como no esporte, luto por vitórias na minha vida em geral. Meus projetos não são megalômanos, mas são sempre de um tamanho que me obrigam a ser guerreira. Dentro das minhas guerras, entretanto, a prioridade é alcançar resultados que agradem aos dois lados, tanto nas relações de amor quanto nas de trabalho. Seguir essa regra é fundamental.

Trato do meu corpo visando em primeiro lugar à saúde, depois, a beleza. Mas cuido muitíssimo das duas partes. Sou uma pesquisadora quase compulsiva e por isso estou sempre atualizada sobre as últimas novidades dos dois campos. De uns anos para cá, desenvolvi também o lado espiritual e cheguei à conclusão de que todas as religiões são válidas, porque, na realidade, o importante é a fé.

Para a saúde do corpo, escolhi me tratar de maneira mais light depois dos 30 anos, quando deixei as competições de ginástica para trás, aconselhada por uma sábia de 60 anos que foi minha técnica, Ilona Peuker. No esporte, é preciso saber a hora de parar. É necessário ter a sensibilidade de descobrir o momento exato em que você chegou ao seu máximo e que, daí por diante, vai começar a cair. Foi um momento difícil, pois me exigiu boa dose de humildade. Mas constatei que Ilona tinha razão. Quando saí do esporte e me dediquei à profissão, aproveitando as condições invejáveis do meu corpo, já era uma professora de ginástica campeã.

Desde a minha primeira academia, dediquei meu trabalho às mulheres, e mantenho até hoje meu discurso de que mulher tem de ser tratada diferente do homem. O corpo feminino possui formas características, e a beleza da mulher está na harmonia e no equilíbrio da silhueta. Por isso, aconselho o alongamento, que fortalece os músculos dando-lhes formato alongado. O alongamento é fundamental para contrabalançar os exercícios de ginástica localizada, e também antes e depois da ginástica aeróbica.

Aconselho a ginástica de baixo impacto, porque as articulações não são de ferro. No passado, andei muito de bicicleta. A bicicleta desenvolve o músculo mais importante do corpo humano, o quadríceps, mas, em contrapartida, não é bom exercício para a coluna, e isso só fui perceber anos depois. A maioria pensa que o músculo mais importante do corpo humano é o coração. Eu afirmo que o coração depende das pernas. Se você não tem pernas fortes, não pode desenvolver a sua capacidade aeróbica, responsável pela saúde do pulmão e do coração.

Faço, muito frequentemente, palestras para grupos de mulheres da terceira idade ou mesmo para as clientes do spa que têm idades variadas. Costumo convencer a todas sobre a importância dos exercícios que fortalecem as pernas, porque delas depende a longevidade. Na terceira idade, com pernas fortes, você pode se locomover sem precisar dos mais jovens. Pode acompanhá-los sem ser um peso e ter independência para viver como quiser.

Quando tenho preguiça de andar pela manhã, vejo televisão fazendo exercícios deitada ou sentada. Quando está chovendo e eu acordo animada, substituo a caminhada na Lagoa Rodrigo de Freitas pela dança. Boto um bom CD animadíssimo e danço até ficar coberta de suor. Às vezes, não acordo tão bem. No passado, acontecia sempre quando estava apaixonada. Aí, eu boto o som da Enya e medito.

Prefácio

Conheci Ligia Azevedo logo que tudo começou. Nem sei se ela lembra, mas eu era um das alunas de sua academia de ginástica na Avenida Nossa Senhora de Copacabana, lá pelos idos de 1978, por aí. Como sempre fui péssima aluna de ginástica, é possível que ela nem lembre deste capítulo da nossa vida. Sempre em torno da balança. Porque, infelizmente, Deus não me deu nem o corpo sarado da nossa Ligia – que hoje, como há 30 anos, continua inteiraço – nem o senso da disciplina, no que tange a dietas, exercícios e que tais. Desastre total!

Logo depois, ela virou a introdutora do spa no Brasil. Se outros vieram na frente, que me perdoem, mas spa, pra mim, nasceu com a Ligia, àquela altura casada com um bonitão, o Roberto, que malhava junto com a amada – física, moral e profissionalmente. Depois se separaram, coisas da vida, mas para mim, é inesquecível a visão dos dois no meu primeiro spa, numa pousada de Búzios: lindos, corpos perfeitos, um casal em absoluta sintonia e ambos de olho na turma de gordos, gordinhos e gordalhões, que lutavam à morte por mais uma rodela de tomate na ração do almoço. Neste spa que fiz, teve um gorducho que chegou a pensar em assassinar o papagaio que ficava no poleiro do jardim para assá-lo na sauna e comer escondido em seu quarto. Se tivesse perpetrado o tresloucado gesto, seria o primeiro caso de papagaio ao vapor na história da gastronomia mundial.

Naquele tempo, mesmo com a insuperável paisagem de Búzios, a delícia de suas águas e a felicidade bonita dos anfitriões, fazer aquela dieta era dose! Tinha um suco de aipo no meio da manhã que me assombra os sonhos até hoje. *Argh*! Paralelamente, corria um programa de exercícios físicos de assustar.

Ano passado voltei a Búzios para mais uma das minhas batalhas contra a balança e verifiquei, feliz, que spa continua spa, Ligia continua mais Ligia do que nunca, mas a dureza foi amenizada: a baixa caloria continua, claro, mas gostosíssima. Os exercícios físicos não são tão obrigatórios assim – pelo menos aqueles infernais steps, spinnings e companhia – e, quem não tiver a pretensão de ter o corpo malhado do Malvino Salvador ou da Deborah Secco (os corpaços da hora na TV), pode dar sua caminhada pela praia, fazer uma hidroginástica básica e, se quiser mesmo exagerar, pode caminhar na esteira de manhã e à noite.

E sempre contar com a Ligia para um bom papo, e o que ela mais tem é história pra contar. Muitas delas leremos neste livro.

Histórias de lutas e viradas de mesa, histórias de amor e desamor, histórias de perdas e ganhos... Um balanço de vida desta acreana que foi Rainha da Primavera, fez da educação física a sua bandeira, foi pioneira e desbravadora e que continua firme, sempre na linha de frente, sempre trabalhando.

Anna Ramalho

PARTE I | AVENTURAS

1 | HISTÓRIAS DA MINHA INFÂNCIA

No fundo do poço

Era a década de 1940 e inverno no Acre, aliás, o mais engraçado do mundo, porque acaba em dez dias, voltando logo aos 40° habituais. É muito rápido. Não acontece todo ano também. Só quando vem o vento gelado dos Andes. Mata bichos, velhos e crianças, e segue seu caminho sem deixar saudades.

Fazia muito frio naquela manhã de céu azul. Éramos quatro que, juntos e bem agasalhados, resolvemos andar à toa para aproveitar o calor do sol. Movidos pela curiosidade, descemos uma ladeira e chegamos na cacimba de baixo, dita perigosa.

Cabeça da turma como sempre, criei uma brincadeira em forma de jogo. Cada um tinha um graveto, fino e compridinho, para jogar de ponta na água. Quanto mais força se usasse, mais fundo iria e mais tempo levaria para voltar à tona. Fui a última no rodízio, e, na intenção de ser a campeã, subi na proteção da cacimba. Usando toda força dos meus braços, atirei o graveto. Fui junto com ele.

Eu rolava, virava, subia e descia encolhendo as pernas o mais que podia porque sabia que no fundo daquele poço morava uma cobra. Eu acreditava nisso porque vovô sempre nos dizia: "não brinquem perto da cacimba de baixo, porque no fundo mora uma cobra que come quem cai lá dentro." Foram segundos que pareceram intermináveis minutos em que o medo da morte ficou muito claro. O instinto de salvação, porém, foi mais forte, e, raciocinando como um velho sábio, estendi as pernas para tocar no fundo do poço e ter base sólida para dar um impulso e subir. Reflexo que se repetiu muitas vezes na minha vida. Realmente, só quando se chega ao fundo do poço é que se encontra força para sair dele.

Como um milagre, a água começou a se iluminar. Já não era mais um buraco tão escuro como antes. A claridade aumentava, abrindo-se em círculos bem à minha frente. Estendi a mão e agarrei a borda. Senti uma pressão forte no pulso, depois no braço. Visualizei, através daquela transparência dançante, os rostos aflitos daqueles que, com força de gigantes, me içaram. Pude, então, respirar a vida que por pouco teria ficado para trás. Seis, cinco e três anos eram as idades dos meus salvadores. Desse dia em diante, passei a sentir um profundo amor pelo meu irmão João, mais velho de todos, pela minha prima Iracema e por meu tio Joe, o caçula da turma. Já dá para perceber a família curiosa que tive, se observarmos este detalhe: um tio dois anos mais novo do que eu.

Voltamos os quatro chorando para casa. Os três, de medo do vovô, e eu, de pavor e frio, porque estava toda molhada. Por incrível que pareça, nesse dia ninguém apanhou. Pelo contrário, mamãe trocou minha roupa molhada, me enrolou num cobertor bem quentinho, me levou para a cama e dormiu comigo bem abraçadinha.

Desse dia em diante, fui prisioneira de um medo que me acompanhou por longos anos. Só dormia com alguém do meu lado e tinha pânico noturno. Demorava horas para dormir, tomando conta de formas e sombras que se transformavam em bruxas e fantasmas. Cobria-me dos pés à cabeça e ficava sufocada, pois respirava tão curto e baixinho que por muitas vezes achei que iria morrer de falta de ar.

Hoje, analisada e vencedora, tenho consciência de que a minha batalha mais difícil foi contra esse sentimento. Para me desvencilhar dele, foram precisos muitos anos em busca de autoconhecimento. Nesse processo, vasculhei as marcas que ficaram na minha memória emocional e corporal.

Só depois dos 40, depois do Processo Fisher Hoffman, pude separar o joio do trigo e tomar conhecimento de que, por trás daquela capa manufaturada por papai e mamãe, havia um outro ser. Foi difícil viver até aí carregando tão pesada história. Tão difícil quanto reaprender a viver sem ela, pois já estava viciada em lutar a cada minuto contra um comportamento autodestrutivo. A guerra também vicia como o ópio. Passa-se a viver em função da vitória, lutando com todas as armas para alcançá-la.

Foi muito bom quando, um dia, meu último analista me deu alta dizendo que eu estava pronta. Conto nos dedos quanto tempo se passou desde o primeiro dia em que deitei no divã. Foram 38 anos. Mais da metade da minha vida. Já deveria ter fechado o caixa, de preferência com lucro, mas confesso, continuo correndo para recuperar as perdas, tentando fazer um capital de giro.

Minha boneca Telma

Na minha memória, os dois dias mais felizes do ano, esperados com meses de ansiedade por todas as crianças do clã dos Alencar que viviam no

Acre, eram o do aniversário e do Natal, porque só nesses dias ganhávamos presentes. Até hoje me lembro da minha dor ao descobrir que Papai Noel não existia. Foi quando, brincando de bonecas, fui procurar alguma coisa olhei por baixo do guarda-roupa e vi os pés da cama de boneca que pedi a Papai Noel por carta escrita pelo meu pai, naturalmente. Fiquei quieta, magoada e com vergonha de dizer para eles, os adultos, que sabia que eles também mentiam. Com certeza me questionei: "se eles mentem, por que eu tenho de apanhar quando minto?" Acho que quando a gente descobre que Papai Noel não existe, começa a deixar de ser criança.

Comparando a minha infância com a das crianças de hoje, agradeço a Deus por ter me soltado de paraquedas no Acre, onde, por falta de luz, telefone, cinema, jornal, carro, a civilização ainda não havia chegado.

Os nossos presentes que a Dinda mandava do Rio chegavam sempre meses depois, porque iam de avião pela FAB. Naquele tempo, não havia alternativa. Os aviões da Força Aérea Brasileira é que nos ligavam ao resto do Brasil.

Uma vez, Dinda me mandou a boneca com que eu tanto sonhava. Era enorme, de cabelos louros e com uma franja gordinha que, naquele tempo, se chamava trunfa. Era de massa, não falava e só mexia os braços na altura dos ombros, o pescoço e as pernas. Os joelhos e os pés eram iguais aos dos defuntos: imóveis. Ela se chamava Telma, como todas as minhas bonecas. Inspirei-me no nome de uma personagem de romance que mamãe lia em voz alta para todas as mulheres do clã nas noites de lua cheia quando, reunidas lá fora, no quintal, elas podiam enfim relaxar depois de um exaustivo dia de trabalho. Cada dia era uma que lia. Elas choravam emocionadas com as histórias de amor de antigamente. Quando chegavam aos pormenores da lua de mel, mandavam as crianças irem brincar.

A Telma foi prometida para o Natal, mas chegou para o São João, e naquele dezembro eu não ganhei o presente de gala. Foi um drama a chegada de Telma. Saiu do Rio embarcada na FAB e não chegou ao destino quando deveria. Se fosse hoje, bem poderia se pensar em sequestro, tal era o valor que Telma tinha para mim.

Mamãe, altamente sensibilizada com a minha tristeza, só faltou escrever para o presidente. Ela era superousada, como vocês verão logo mais à frente. Acho até que só não o fez porque tinha vergonha de sua letra e não teve coragem de pedir ao papai, que escrevia como um mestre, para escrever por ela. Fomos então visitar uma vidente, que botou umas cartas ensebadas que cheiravam a pirarucu. Eu, disfarçadamente, respirava pela boca. Acho que mamãe também sentiu o cheiro, porque não quis fazer muitas perguntas. Ficou satisfeita quando a cartomante garantiu que a boneca já estava no Acre. E mais, através da vidência, soubemos que não tinha sido roubada, apenas extraviada.

Quatro meses depois, quando foi fazer faxina no depósito do CAN – Correio Aéreo Nacional – um faxineiro achou uma caixa atrás da escada. Era a Telma. Tinha chegado inteirinha, apenas com uma fina rachadura no fêmur que nem foi preciso colar. Dois anos depois, viajou comigo de volta para o Rio, e foi minha fiel companheira por muitos anos.

Eu gostava muito de brincar de boneca. Fazia vestidos lindos para elas porque também gostava muito de ficar do lado da mamãe enquanto ela costurava os vestidos das mulheres ricas de Rio Branco, como a dona Neném, mulher do governador, nossa prima distante que era muito gorda e tinha bigode. "Não sei por que ela não raspa isso", pensava eu, "para ser como as outras mulheres." Mas, como a dona Neném era muito braba, achei que ela preferia ser parecida com papai ou com vovô, que ficavam muito bonitos de bigode.

Cabeça de lata

Na costura com as bonecas, eu não ficava muitas horas, porque preferia brincar com os meninos. Menos com o meu irmão João, que foi a criança mais quieta e intelectual que eu conheci até hoje. Com 7 anos, já tinha lido toda a coleção de Monteiro Lobato que a Dinda mandou para ele. Com os filhos dos empregados do vovô, eu subia em árvores o dia todo com tanta habilidade que nunca quebrei nada no corpo. Por mais que eu invejasse os bracinhos brancos de gesso que de vez em quando um deles ganhava, nunca consegui essa façanha.

Eu sempre me dava bem nas aventuras, com exceção do dia em que enfiei uma lata de banha de porco na cabeça, e as crianças quase me deceparam, na ânsia de me livrar do incômodo chapéu. Depois de muito tentar, resolveram me levar, em prantos, para dentro de casa, pedindo ajuda aos adultos. Papai estava em casa e, com a maior tranquilidade, pegou uma faca e chegou perto de mim. Parei de respirar. Era o meu fim. O único jeito de me livrar daquela coisa era mesmo cortando a minha cabeça. Fechei os olhos e esperei pelo golpe final. Qual não foi minha surpresa quando ele delicadamente fez um furo na lata com a ponta da faca, e na mesma hora a lata se desprendeu!

Papai, meu herói

Papai era realmente o máximo, o maior homem que pousou no Acre naquele tempo. Era quem menos brigava comigo quando eu aprontava. Por isso, eu gostava mais dele do que da mamãe. Ficava com ódio dela quando, na hora de dormir, ela dividia a cama com ele. Eu fingia que dormia quando ele, cuidadosamente, me pegava e me transferia para o meu quarto. E me fazia dormir coçando a minha cabeça.

Papai era o meu ídolo, meu campeão e, segundo meus analistas, também meu grande amor. Embora às vezes Freud me irrite, acho que havia nessa afirmação um fundo de verdade. Procurei papai nos meus maridos e, claro, me frustrei. Acho que em cada marido achei um pedaço dele. Se pudesse juntar os três hoje, daria papai direitinho.

Era meu aniversário de 5 anos. Meu pai estava viajando havia um mês e ninguém sabia por onde ele andava. Mamãe ficou muito preocupada, porque era época de muitas chuvas e ele estava embrenhado na selva, trabalhando no censo. Ela não tinha a menor ideia de quando ele ia chegar. Eu sabia, mas ficava calada, guardando um segredo que era só meu e dele. Quando se despediu de mim e me pegou no colo, falou baixinho: "volto para o seu aniversário, Liginha."

Durante todo o mês, continuei brincando, indo à escola e seguindo a minha vidinha na maior tranquilidade. Acordei cedo naquele 10 de dezembro e passei todo o dia na maior ansiedade, esperando por ele na certeza de que logo estaria comigo.

Por volta das 5 horas da tarde, o céu escureceu como noite e eu já não podia ver a porteira por onde ele chegaria, e então a dúvida tomou conta de mim. A noite chegou, a festa não aconteceu, porque a chuva não parou. Ele só chegou no dia seguinte, contando um montão de aventuras, todos à sua volta. Para toda a família foi um dia feliz, porque ele chegou inteiro. Era isso o que importava para todos. Ninguém me olhou, ou teriam visto nos meus olhos a marca do abandono.

A vizinha quenga

Mamãe era sempre a mais feliz quando papai chegava das pequenas viagens. Nessa noite, eu não tinha vez. Ia para a cama com as outras crianças, sem cócegas na cabeça ou colo para trocar de lugar. Quando quase todos dormiam, eu ficava imóvel, respirando baixinho para eles não perceberem que eu testemunhava, de ouvidos bem abertos, os seus momentos de amor.

No dia seguinte, eu não conseguia olhar nos olhos da mamãe. Um misto de raiva, vergonha e culpa mascaravam um enorme ciúme, que muitos anos mais tarde reconheci, claro, com a ajuda de Freud.

Entretanto, logo que matavam a saudade, eles voltavam a brigar. Mamãe tinha ciúmes de uma vizinha que era chamada de quenga, que sempre pensei ser mesmo o nome dela. Ela morava numa rua por onde nós passávamos todos os dias quando íamos para a escola. De vez em quando, mamãe perguntava: "a quenga do seu pai estava na janela?"

Comecei a ter ódio também da quenga do meu pai e também da mamãe, que fazia questão de me mostrar que eu era traída tanto quanto ela. No fundo, ela sabia que me magoando estava atingindo meu pai. Era como uma vingança por tabela.

Eles viviam às turras, mas acho que se amavam. À moda do Acre, com certeza. Prova é que ficaram juntos até o final da vida de papai, que morreu primeiro.

Dois pra lá, dois pra cá

Durante a minha infância, até os 8 anos, vivi muitas separações. Quando eu tinha um mês, papai foi para o Rio fazer a Escola de Educação Física do Exército e levou a família: eu, João e mamãe. Ficamos na cidade durante todo o ano de 1942. Deve ter sido muito difícil para a mamãe, porque ela ficou praticamente separada de mim e, muitas outras vezes, de papai, morando numa pensão em Botafogo com meu irmão.

Vovó Jardelina não aceitava minha mãe, dizia que ela era uma índia matuta e analfabeta. Mas, na verdade, morria mesmo era de ciúmes, como toda sogra que se preza, principalmente porque mamãe era linda nos seus 1,50m. Tinha um rosto perfeito, boca, nariz, sobrancelhas de chamarem a atenção de homens e mulheres. Os olhos eram cor de mel. Mas, o mais bonito eram as pernas. Quando ela usava aquelas meias finas com uma costura atrás, era como ver as pernas de uma escultura de tão perfeitas e retinhas. Os tornozelos eram finos, sinal de beleza naquela época, e usava sempre sapatos de salto sete e meio. Tinha um vermelho de pulseirinha que a deixava tal e qual uma boneca. Imagino bem o que vovó sentia por ela.

Além de apaixonada pelo papai, vovó apaixonou-se por mim também. Acabou por me tirar da pensão e me levar para morar com ela. Convenceu papai a ir também, porque ele precisava acordar muito cedo para estudar. À coitada da mamãe não restou alternativa a não ser ficar longe de mim e à espera de papai nas noites em que ele fugia da vovó e ia dormir algumas horas na pensão de Botafogo.

Na casa da vovó, moravam também as duas irmãs mais velhas do papai. Eram a Dinda Lygia e a Tia Zilda; esta, o patinho feio da família e sempre jogada para segundo plano, como costuma acontecer com todos os filhos do meio. Dinda sempre foi muito boa para todas as pessoas e por isso tratava bem a mamãe, enquanto Zilda, sempre resmungona e mal-humorada, não mudava seu jeito com a cunhada. Quem não contava muito na casa era vovô João. Quieto, sério e obediente, quase não falava. Quem dava as ordens era vovó Jardelina, e ele não abria o bico.

Papai acabou o curso e voltamos para o Acre. Acho que essa foi a minha primeira grande perda: a separação da vovó e da Dinda, que me amavam muito. Durante muitos anos, elas tentaram fazer a cabeça de papai para me mandar de volta, para me educar no meio da civilização.

A perda seguinte deve ter me marcado ainda mais, porque, dessa vez, fui verdadeiramente separada de mamãe.

Uma grande paixão

Conta-se que, até aquele momento, o homem mais bonito que pisara no Acre havia sido meu pai. Até que certo alemão, não sei como, chegou por lá. Nunca consegui que alguém me contasse com detalhes essa história.

No entanto, juntando daqui e dali, descobri o drama que viveu minha mãe, nessa época com vinte e poucos anos. Apaixonaram-se perdidamente, ela e o estrangeiro, e tiveram seu romance logo descoberto. Imagino que não fosse difícil saber de tudo naquele lugar tão pequeno, povoado de comadres. Só mamãe tinha umas cinco.

A comadre Saltilha é de quem eu mais me lembro, porque fazia parte do clã dos Alencar, apesar de ser apenas a mulher do principal empregado do vovô Manoel Cesário. Ela ocupava um lugar de maior destaque na fazenda por ser seu marido o braço direito de vovô, e por ser este mesmo avô o pai da sua filha que foi dada para mamãe batizar; afinal, sua meia irmã e madrinha.

Meu avô só era moralista quando se tratava das mulheres da família. E foi ele que, com mãos de ferro, castigou mamãe pela traição. Conseguiu, junto ao governador, uma ordem de deportação e expulsou mamãe do Acre. Ela foi levada por uma embarcação que atravessaria Rio Branco em direção a Manaus, onde tomaria o rumo que quisesse. Quanto ao alemão, conta-se que, perdido de amor, teria tentando alcançá-la por terra. Mas seu plano foi descoberto e nunca mais se soube notícias dele.

Depois da partida da mamãe, eu e meu irmão João voltamos para a casa da vovó no Rio de Janeiro, pois acredito que papai não teria como cuidar da gente. Só dois anos depois voltei a encontrar mamãe.

O reencontro

Mamãe, meio sem rumo, sabendo que nós estávamos no Rio de Janeiro, e agora em Copacabana, conseguiu chegar até lá.

Um dia, cheguei em casa e contei para a Dinda que tinha uma mulher parecida com a minha mãe sentada no banco da praça. Ela me olhava, e quando cheguei perto, vi que estava chorando. Acho que foi nessa ocasião que descobriram o paradeiro de minha mãe.

Pouco tempo depois da minha visão na praça, vovô, com certeza arrependido, veio buscá-la. Não sei como a encontrou. Levou-a de volta para o Acre. Aí, papai veio nos buscar e vivi mais uma separação. Agora, daqueles que nos tinham acolhido no Rio de Janeiro. E lá fomos nós, eu e Joãozinho, de volta para o Acre, deixando para trás Dinda Lygia, Titia Zilda, vovô João e vovó Jardelina.

Essa separação não deve ter sido das piores, porque, embora o tratamento de princesa já não me fosse mais dispensado como no Rio, pelo menos, estávamos todos juntos no Acre outra vez.

Entretanto, para sempre ficou na minha lembrança o jardim de infância no Sacré-Coeur de Marie, em Copacabana, onde, para orgulho da Dinda, com apenas 3 anos, eu recitava em francês. Por muito tempo, ela guardou meu chapeuzinho azul-marinho do uniforme.

Separações na cabeça das crianças soam como rejeição e abandono, e vão dando forma a uma insegurança interior que, com os anos, fica sedimentada nos nossos corações e são responsáveis pelos nossos fracassos e medos crônicos.

A volta de mamãe

Mamãe chegou ao Acre fazendo sucesso. Tinha um vestido preto bordado de linhas coloridas. O decote era quadrado com ombreiras nas mangas raglãs. Pintava-se como uma artista e usava cachos nos cabelos suspensos por enchimentos em forma de rolos. Ela levava horas arrumando essa catedral e, no final, botava uma redinha na frente para segurar os cachos menores. Todas as mulheres do Acre passaram a se pentear assim em dias de festa.

Mamãe disse a todo mundo que era professora de dança no Rio de Janeiro, o que não deixava de ser verdade. Dava aulas e ensinava de graça às mulheres da família, e eu era seu par preferido, porque já tinha 5 anos e acompanhava seus passos com precisão. Esse foi meu grande trunfo nos anos dourados, pois, além de ser bonita, era sempre a maior e melhor dançarina das festas, e com isso ganhava os melhores "gatos".

Todas as histórias de mamãe sempre me impressionaram muito. Uma delas diz respeito à sua relação com o próprio pai. Ela tinha 5 anos quando ele foi preso porque matou um homem (depois foi absolvido, pois se considerou legítima defesa). Dizem que ela esperava todos dormirem, e, na calada da noite, saía de casa rumo à cadeia, andando pelo menos meia hora na escuridão para ir ao seu encontro. Era tão miúda que passava entre as barras de ferro, sem que precisassem abrir a cela. Pela manhã, os guardas, que tinham feito vistas grossas, a levavam para casa. Depois de adulta, percebi que essa história fazia parte do folclore que rolava em torno da história da minha mãe, que os conhecidos diziam que daria um romance, e que, com certeza, fortaleceu a imagem de campeã que guardo dela.

Um Acre de aventuras

Era muito grande a diferença cultural entre o Acre e o sul do Brasil. Lá não havia muitas construções de alvenaria, nem de dois andares sequer. Nossa casa era de tijolo, madeira e palha e não tinha banheiro do lado de dentro. À noite, a gente usava penico. Pela manhã, só as crianças faziam uso dele. Para os adultos, havia um banheiro do lado de fora. Era uma casinha de madeira com um trono igualmente de madeira, que não tinha tampa. Era só um círculo aberto na madeira, e não havia descarga também. Ia tudo para um buraco bem fundo. As crianças eram proibidas de entrar lá. Lembro-me de que a garotada não via a hora de chegar a idade que já lhes permitisse usar o banheiro como gente grande.

Viver no Acre, na minha infância, foi uma grande aventura. Vivíamos ao lado do perigo todo o tempo. Um dia, meu irmão João sumiu e ninguém conseguia achá-lo. Até que alguém resolveu abrir a porta de um banheiro já desativado, porque a madeira apodrecera, e lá estava Joãozinho todo sorridente, pensando que era gente grande, sentadinho no trono que balançava para lá e para cá. Tirá-lo dali foi um drama, pois qualquer movimento mais ousado com certeza faria o banheiro desmontar, e lá se ia Joãozinho merda abaixo. Depois do susto, que ele foi o único que não passou, levou uma bela surra.

Vivíamos lado a lado com o perigo sem reconhecê-lo como tal. À noite, por exemplo, quando debaixo dos mosquiteiros escutávamos um barulho chiado, chamávamos papai desesperadamente, pois sabíamos que por entre as palhas do telhado, estava passando uma cobra. Ele se levantava calmamente e ia ver se os nossos mosquiteiros estavam bem fechados. Empurrava um pouco mais as pontas do cortinado, cruzava bem os panos na abertura principal e voltava para dormir tranquilamente. E nós, confiantes no nosso herói, dormíamos em paz.

O perigo era um dado constante em nossas vidas no Acre. Quando nadava no açude, eu espantava com o pé, com a maior tranquilidade, o filhotinho de jacaré que vinha brincar, sem me dar conta de que atrás do filhote poderia estar vindo sua mamãe e seu papai.

Frequentemente, mamãe dava o toque de recolher para a turma que brincava de casinha lá fora, porque era alertada por um empregado sobre a briga de touros que se denunciava pela nuvem de poeira que de longe já se via. Era sempre a mesma história.

O touro do vovô, que era cinza malhado de preto, disputava uma fêmea com o touro negro da fazenda vizinha, brilhoso e muito maior do que o outro, dando a impressão de mais forte. Não havia o que fazer. Era deixar a briga rolar até que um desistisse da luta, como os boxeadores que vão a nocaute técnico quando já lhes faltam as forças, mas não beijam a lona. Um dia, a luta acabou. O touro do vizinho, mais bonito e mais esnobe, não resistiu e morreu. Seu corpo foi encontrado no igarapé que o acolheu como leito de morte.

Havia também as brigas de cavalos. O mesmo script. O Brilhante do vovô, branco como a neve, com uma crina enorme que lhe caía pelo pescoço, de um louro tão claro quanto as *platinum blondes* de hoje, contra o cavalo negro do vizinho. Numa dessas brigas, Ruizinho, meu irmão caçula (agora, eu tinha um irmão caçula), com apenas 1 ano, na hora da confusão foi esquecido no terreiro, onde, sentadinho no chão, dedilhava seu violão de plástico. Quando os adultos se deram conta, ele estava quase invisível no meio da poeira levantada pelos cavalos. Mamãe, sem titubear, correu e o salvou.

Aliás, a imagem que trago na memória de vovô Manoel Cezário é sempre dele montado no Brilhante. Ele usava um chapéu meio desabado para frente, como o de Humphrey Bogart, e entre os dedos um cigarro que não apagava nunca. Tinha o dedo indicador de uma das mãos dobrado em L, consequência de um tiro que levou no passado. Andava sempre de botas longas, mas depois de um dia inteiro cavalgando, escalava alguém para ajudá-lo a descalçá-las. Quando estava em casa, sempre por pouco tempo, ficava na rede se balançando, rodeado pelos empregados que vinham escutar as ordens ou as broncas.

Vovô Cezário, cearense que migrou para o Acre e que, com mão de ferro, dirigia o clã dos Alencar, era homem poderoso e sedutor. Casou-se cinco vezes e teve sete filhos. Sua última mulher era bem mais nova do que minha mãe. Por isso, ainda hoje, tenho três tios muito mais novos do que eu.

Vovô era o homem mais temido e respeitado do Acre. Que eu me lembre, era temido por todos e amado por muitas. Quando se irritava, em casos mais simples o pau comia e nos mais sérios eram resolvidos à bala.

Morreu muito novo, com problemas no fígado. Não sei exatamente qual a doença o matou, mas acredito que, aos 57 anos, já tivesse tido malária pelo menos vinte vezes. A morte dele mudou a vida da família Alencar. Sua viúva, muito jovem, com menos de 30 anos, não tinha nenhuma experiência em administrar a família. E mamãe, pelas contingências da vida e mesmo morando no Rio, foi nomeada a chefe do clã.

Nunca vou esquecer a dor de mamãe. Apesar de tudo pelo que passou na vida, vítima da tirania dele, não me lembro de tê-la visto sofrer tanto antes. Ficou de cama por muito tempo, só chorando dia e noite. Não comeu por vários dias e usou preto durante um ano. Luto fechado, como se dizia. E depois, por mais um ano, preto e branco ou roxo, de luto aliviado. Como se fosse a viúva.

Adeus ao Acre

Quando eu já estava com 8 anos, papai e mamãe convenceram-se de que não havia futuro para os filhos se continuassem morando no Acre, onde o ensino era precário. Nessa época, a família havia crescido com o nascimento do meu segundo irmão, o Ruizinho.

Fui a primeira a ser mandada para o Rio de Janeiro e, na minha cabeça de criança, eu estava sendo jogada fora porque não era mais importante: tinha perdido o status de caçula.

Viajei sozinha e, por isso mesmo, meu pai me recomendou ao comandante do avião da FAB, Ney Gomes da Silva, para que me entregasse à Dinda. "Que nem um embrulho", certamente foi o que deve ter "pensado" o meu coraçãozinho de menina "abandonada".

Em tempo: esse comandante que me trouxe para o Rio, naquele janeiro de 1950, treze anos depois veio a ser meu sogro. Como nada acontece por acaso, a minha ligação com ele foi sempre afetuosa. O nosso reencontro, porém, durou pouco tempo. Faleceu, em 1970, sete anos depois do meu casamento, o que para mim foi uma grande perda.

Dinda me recebeu literalmente de braços abertos, e seus cabelos louros, que brilhavam sob o sol, foram a dica para que eu a reconhecesse. Ficou para trás e para sempre aquele Acre, que, pela última vez, vi da janelinha do avião e que nada mais era do que uma imensa floresta sem fim.

Agora me lembro de que o abraço da Dinda recuperou minhas forças quase esvaídas, depois de três dias de viagem naquele avião. E sinto que todos os outros que ela me deu fizeram-me sentir o quanto vale a pena lutar. Dinda morreu em 2008, quando completaria 95 anos. Foi ela quem me fez correr com este livro, que comecei há dez anos. Ela, com certeza, iria lê-lo, capítulo por capítulo, no intervalo de cada uma das suas queridas palavras cruzadas.

Durante um ano, morei com a Dinda na Rua Ministro Viveiros de Castro, número 79. Logo que cheguei, ela me matriculou no Instituto Princesa Isabel. Um colégio elitizado onde também estudava a neta do presidente Getulio Vargas. Não precisa dizer que me sentia um peixe fora d'água. Não me lembro de ter feito muitos amigos nessa escola. Ficava muito envergonhada, porque a turma toda ria do meu sotaque nortista.

Bom mesmo era brincar na portaria do meu prédio, com três vizinhos da minha idade, enquanto eu esperava o ônibus do colégio. Éramos inseparáveis. Vovó Jardelina, de vez em quando, os botava para correr, porque viviam tocando a campainha e me chamando para brincar. Nunca esqueci seus nomes. Leco, o filho do porteiro, Carlos Eduardo, que morava no quarto andar e Jorinho, no quinto. O primeiro morreu muito cedo de enfarte, o segundo também se foi do mesmo modo. Jorio seguiu a carreira diplomática.

Nossa casa, o porto seguro

Um ano depois da minha chegada ao Rio, minha família se reuniu outra vez, e mamãe, sempre muito sábia, decidiu que todos os filhos iriam crescer juntos. Nada de um ser rico e os outros pobres, dizia ela. Fomos os dois, eu e João, para a escola pública até a quinta série, já que Rui ainda era muito pequeno.

Nessa época, sempre como líder, eu voltava para casa de bonde fazendo bagunça com os meus coleguinhas que moravam no morro Chapéu Mangueira, em frente ao meu prédio do Leme. Eu era o terror dos cobradores, que passavam de um banco para o outro pendurados nos estribos com a mão cheia de moedas enfileiradas, as quais com muita técnica, chacoalhavam entre os dedos cobrando as passagens. A unha do dedão deles era enorme e muito suja, lembro-me bem disso. O motorneiro, quando a bagunça extrapolava, parava o bonde e ameaçava expulsar a turma. A bagunça cessava rápido até o segundo ou terceiro ponto e, de novo, recomeçava. Saltávamos no fim da linha para grande alívio dos funcionários do bonde.

Ao sair do primário, Joãozinho fez concurso para o Colégio Pedro II e passou com nota dez. Eu, claro, não passei. Fiz o ginásio com bolsa de estudos no Ginásio Anglo Copacabana.

A nossa casa no Rio de Janeiro, primeiro no Leme e depois na rua Ministro Viveiros de Castro, número 123, virou o ponto de apoio do pessoal do Acre. Ela estava sempre lotada de tios, primos, amigos e comadres – até elas se mudaram, e os afilhados também! Pela nossa casa, imagino que passou pelo menos a metade da população do Acre. Com exceção do período em que fiquei na casa da Dinda, dos 8 aos 9 anos, nunca mais soube o que foi ter um lugar na casa só para mim. Dividia meu quarto com as primas, comadres e afilhadas e, às vezes, até a cama.

Minha mãe era adorada pelos acreanos. Pudera! Assim como os quartos e as camas, também eram divididas as refeições. Justiça seja feita: nunca faltou lugar à mesa para quem chegasse, e quanto à comida, mudava-se o padrão, mas sempre dava para todos.

Papai tinha mania de saúde. Alface não podia faltar, até porque eu era viciada nas folhinhas verdes. Lembro-me de que, ainda no Acre, se não houvesse alface no almoço, eu pedia a mamãe para ir buscar na horta. Leite nunca era menos de quatro litros por dia. Bananas, porque eram baratas na feira, no mínimo seis dúzias, e daquelas enormes, bananas d'água, para renderem mais.

Nesse tempo, década de 1950, havia racionamento de luz, de água e de comida também. Às vezes, era de carne, às vezes, de leite ou manteiga. Lembro-me muito bem de como eu odiava ir para a fila do leite ou para a fila do SAPS (Serviço de Alimentação da Previdência Social) comprar manteiga mais barata. Papai tinha um truque para a manteiga render. Botava mais e mais sal e ninguém conseguia passar muita no pão, porque chegava a arder na língua.

2 | DA ADOLESCÊNCIA À MATURIDADE

Adolescência, primavera da minha vida

Minha adolescência foi diferente da maioria das minhas colegas que já namoravam e iam para a escola de batom. Eu gostava mesmo era de estar com os meninos, fugindo das aulas para jogar pingue-pongue e vôlei. Não era chegada aos estudos, não prestava atenção às aulas, estava sempre matraqueando com a colega do lado. As minhas colegas do peito eram sempre as primeiras alunas e as mais comportadas da turma. Eu as fazia rir, e elas me davam cola. A volta para casa era uma farra. A turma da rua Viveiros de Castro era composta de uma menina e dez meninos. Eu e a turma dos dez.

Nessa época, a maior diversão eram os passeios na Av. Atlântica após o jantar, onde várias turmas se encontravam. A turma da rua Duvivier, a da avenida Atlântica, os da Rodolfo Dantas e Ronald de Carvalho e até a turma do Leme.

Todo fim de semana tinha festa na casa de alguém. Sábado, o telefone não parava lá em casa. Papai ficava uma arara. Mamãe não. Adorava. Já cedo começava a pensar qual a roupa que ela teria de inventar para eu ser a mais bonita da festa. Em cada noite dessas eu arranjava um namoradinho, que era o garoto que dançava comigo a noite inteira. No dia seguinte, geralmente domingo, na praia de Copacabana em frente à Duvivier, a turma se encontrava e eu fingia que não conhecia o namorado da véspera. Não tinha paciência para ficar de novo com ele, nem que fosse só uma manhã.

Apenas uma vez, aos 14 anos, dei uma chance ao Marcos, que dançou comigo de rosto colado na festa. Fui com ele e com toda a turma, claro, para a matinê do Cine Metro. Sentamos lado a lado, e no escurinho do cinema ganhei o meu primeiro beijo na boca. Não gostei mesmo! Fiquei com nojo. Achei beijo na boca nojento. Muito molhado, deixando um cheiro de cuspe horrível no meu rosto. Na saída, misturei-me com a turma e daí para frente, sempre que podia, fingia não vê-lo.

Nasce uma rainha

Quando terminei o ginasial, veio a dúvida do que fazer. Qual o curso ideal. O científico seria o primeiro passo para uma futura escolha no campo profissional. Dúvida cruel. Eu não tinha a menor ideia do caminho a seguir. Gostava era de dançar e fazer esportes. Queria ser professora de Educação Física, que naquele tempo não era curso superior. Papai não deixou. Disse que a Escola de Educação Física não era lugar adequado para moças. Ficou com medo, com certeza, de que eu mudasse de "time".

Como no fundo o bom destino para uma moça de família era casar e ser mãe, papai escolheu para mim o curso de secretariado, com duração de três anos e que valia como o segundo grau. Seria uma ótima administradora do lar e, caso ficasse solteirona, poderia fazer mais tarde uma faculdade.

Papai era professor de Educação Física do Estado e dava aulas na Escola Amaro Cavalcanti, onde o curso de secretariado era o mais completo. Continuei no mesmo esquema do ginásio. Com exceção das poucas aulas que me interessavam, tão poucas que já nem me lembro quais, eu estava sempre jogando vôlei no pátio da escola, treinando para participar dos Jogos Estudantis. Eu era a estrela do time, ganhava todas as partidas e tinha um fã-clube enorme.

Foi nessa onda de grande atleta que, aos 17 anos, participando dos Jogos da Primavera, fui eleita a Rainha dos Jogos, título de beleza logo abaixo em importância do de Miss Brasil. O desfile foi no Teatro do Copacabana Palace. Fui rainha nota 10, desbancando a maior concorrente, representante do Colégio Anglo Americano, que, até então, elegia as rainhas por anos seguidos.

Foi a minha primeira vitória. O júri era da pesada. Entre os jurados, Stanislaw Ponte Preta e Antônio Maria. Do primeiro, ganhei espaço na lista das "certinhas" do Lalau e, do segundo, uma belíssima crônica no jornal *Última Hora*, que nem eu e, certamente, ninguém guardou.

Esse concurso foi um marco na minha vida, o degrau para alcançar um outro status social, me arremessando a um mundo do qual eu não tinha conhecimento das regras. Raízes estabelecidas na infância direcionam a existência. Elas não morrem nunca, mesmo que em algum momento você troque de espaço, e é aí que mora o perigo. Adaptar-se ao novo lugar é muito sofrido.

Às 9 horas da noite do dia 9 de novembro de 1959, a candidata número 9 foi eleita Rainha dos Jogos da Primavera. A marca Ligia Azevedo tinha sido criada. No dia seguinte, capa do *Jornal dos Esportes*. Um mês depois, ganhei a primeira capa dupla da revista mais importante do Brasil, *O Cruzeiro*, em janeiro de 1960, clicada pelas lentes de Indalécio Wanderley.

Durante a sessão de fotos, reencontrei um jornalista que conheci seis meses antes, voltando de Belo Horizonte. Ele se chamava Ziraldo.

Havíamos sentado lado a lado num voo da Panair quando eu voltava de uma apresentação de ginástica rítmica. Foi uma viagem muito divertida. Rimos sem parar.

Em fevereiro, Ziraldo me telefonou convidando para ir com ele ao Baile do Pierrô. Papai não deixou, porque, ao fazer uma busca não sei bem onde – afinal, não havia internet –, descobriu que ele era casado. A vida dá voltas e acabei reencontrando Ziraldo a cada década. Rolou romance, muita risada, uma amizade e um grande carinho que sobrevive ao tempo.

Além da minha paixão pelo esporte, dediquei boa parte da minha adolescência à música. Comecei a aprender violão aos 15 anos com um gatinho louro de olhos azuis, que uma vez por semana ia à minha casa.

Roberto Menescal começou me ensinando as músicas da moda, músicas de fossa cantadas por Maysa, Nora Ney e outras de que não me lembro mais. Tão logo aprendi as posições básicas, mudou o repertório e começamos uma nova fase. Menescal me apresentou a bossa nova. A turma lá de casa não entendia nada. Logo que eu começava a treinar, era obrigada a fechar a porta do quarto, porque aquela história de "Desafinado" agredia os ouvidos de todos.

Depois de um ano de aulas em casa, Menescal abriu um estúdio com amigos e passei a ter minhas aulas lá. Era um bando de gente entrando e saindo. Todos os grandes da bossa nova. Comecei a ter mais aulas para me aprimorar no dedilhado, e Carlinhos Lyra foi meu professor de violão clássico. Apaixonei-me platonicamente por ele, que era mais velho que eu. Acho que ele nunca soube ou mesmo percebeu, porque, por incrível que pareça, era uma adolescente tímida quando o assunto era o sexo oposto.

Minha identificação com os homens era na área dos esportes. Conquistava os corações dos rapazes, mas tinha um grande medo de ser rejeitada, por isso recuava. Meu primeiro namorado foi aos 15 anos. Até aí, só rolava o tal do flerte.

Paixão mesmo de verdade e compartilhada só aos 19, quando conheci Cyl Farney, na época com o dobro da minha idade. Íamos ficar noivos em julho, quando ele teve de viajar para filmar, em Friburgo, as Sete Evas. Na véspera da viagem, uma das Evas desistiu, e eu sugeri uma amiga do balé, Sonia Muller, que era muito engraçadinha, para não dizer linda. Partiram para as gravações e, nessa, ele não voltou mais para mim. Ficou com Soninha, com quem se casou. A dor de cotovelo foi grande.

Para me vingar, comecei a namorar um supergato que conheci pouco tempo depois. Ficamos noivos após um mês de namoro. A minha meta era casar antes do Cyl. Que vingança besta, não? Sonia acabou casando primeiro, e eu, já noiva, não querendo dar o braço a torcer, me casei seis meses depois. Marinheira de primeira viagem, engravidei de imediato e voltei enjoando da lua de mel. Muito cedo: 21 aninhos apenas. Fui morar com a sogra. Maravilhosa, diga-se de passagem. Ela me ensinou todas as regras de etiqueta, que me garantiram o título de boa e prendada dona de casa.

Aprendi tricô, crochê e durante a gravidez me dediquei ao enxoval. Depois do nascimento de Andréa, passei a ganhar um dinheirinho para ajudar nas despesas da casa vendendo tudo o que fazia. Fiz biquínis, toucas, vestidos de tricô, sandálias, bijuterias, roupas de criança até cansar das prendas domésticas.

A busca da independência

Com a morte de papai em 1963, perdi um dos meus maiores suportes. A Dinda era o outro. Foi um luto muito sofrido, pois a minha ligação com ele foi forte desde criança.

Quatro anos depois de casada, percebendo que o casamento não daria certo, resolvi entrar para a faculdade de Educação Física. Ao final do curso, pedi o desquite.

Livre pela primeira vez na vida aos 30 anos. E agora, José? Continuar morando com a sogra? Solução prática para quem, recém-formada, trabalhava 12 horas por dia. Tentei, mas ficou difícil, pois como era de se esperar, passado o primeiro choque da separação, as tentações começaram a não ser rejeitadas. A coisa ia complicar, claro, e eu, então, resolvi alugar um apartamentinho, bem pertinho da sogra, que em todos os momentos da minha vida esteve ao meu lado.

Logo surgiu outra mudança. A comportada dona de casa e a mãe de família foi jogada às feras de Ipanema, passando a fazer parte de uma turma que só aceitava intelectuais, artistas, políticos, psiquiatras, arquitetos, advogados etc. Entre a Farme e a Montenegro, foi aberto na praia de Ipanema um espaço para "Lijona", a atleta, ginasta campeã com corpo impecável, invejada pelas mulheres e desejada pelos homens. Marquei meu campo com bravura. Respeitei os maridos alheios, fiquei com poucos homens, porque logo encontrei meu segundo marido. Ficamos juntos durante sete anos. Ele era o equilíbrio em pessoa. Acho que foi a única pessoa careta que amei. Seu equilíbrio me deu aquela reajustada que eu precisava. Virei "madame de carteira", como diziam meus amigos artistas e ex-companheiros de boemia.

Fomos morar num condomínio na Estrada da Gávea Pequena. Um lugar lindo, bucólico, alegre. Muito longe da civilização, naquela época em que não havia o Túnel do Joá. Uma mão de obra para ir e vir! Assim, rapidamente a turma de Ipanema virou passado. Os fins de semana no condomínio eram animadíssimos. Os vizinhos eram todos jovens com filhos pequenos. Homero e Cristina Buarque, Dorinha Tapajós e Chico

Vargas eram os mais chegados. Em alguns fins de semana, éramos todos presenteados com a chegada de Chico Buarque, irmão de Cristina, e Marieta Severo com a filharada. Era uma farra. Trocavam-se pratos e copos no final do dia, já todos meio tortos, ou inventávamos uma festa dançante ou um jogo de palavras cruzadas em que Chico, o gênio, sempre fazia mais pontos.

Uma tragédia marcou o Condomínio das Pedras. O assassinato de Angélica, vizinha linda e loura, encontrada esfaqueada até hoje não se sabe por quem. Na falta de melhores provas, a justiça achou por bem indiciar o filho do porteiro, criança de 14 anos com aspecto físico de 10. O menino foi preso.

A alegria foi embora daquele lugar. Eu fui a primeira a sair. Era um vazio tão grande, uma escuridão me envolvia. Botei a culpa no casamento e fui embora. Muitos casais separaram-se desde então. Nunca mais voltei ao Condomínio das Pedras. Como não costumo olhar para trás, voltei para a turma de Ipanema por pouco tempo. Dois anos depois, já estava casada de novo.

No dia 25 de dezembro de 1982, Papai Noel me presenteou com um anjo louro, de cabelos cacheados e olhos azuis. Apesar de ele ser 17 anos mais jovem do que eu, resolvi encarar. Foi um Deus nos acuda nesse Rio de Janeiro. Fomos marginalizados ao extremo, até pela turma de Ipanema. Na verdade, as mulheres fingiam-se horrorizadas, mas no fundo batiam palmas.

A pressão foi tão grande que tive de deixar Ipanema e ir morar no Recreio. Lá, fizemos novos amigos. Naquele tempo, o Recreio era cidade do interior. Andávamos descalços pelas ruas sem pavimento, visitávamos os amigos de bicicleta e o programa do fim de semana era, aos sábados, tomar chope e comer bolinho de bacalhau no Posto Texaco. Aos domingos, encerrávamos o fim de semana no Restaurante Gepeto, em Vargem Grande, com uma pizza ou o Filé à la Street, em homenagem ao meu anjo louro que, além de lindo e gostoso, ainda sabia cozinhar.

Dá para entender por que os 17 anos de diferença não foram esquecidos? No sétimo ano do casamento, resolvemos nos casar pelas leis americanas, já que tínhamos casado apenas no civil aqui no Brasil. Roberto, como também se chamava meu segundo marido, era americano, e o pai morava na Califórnia, em Carmel.

Lá fomos nós concretizar o sonho do super e jovem marido, que era um casamento regado a véu, padre e grinalda. E assim foi. O vestido era rosa antigo e, na cabeça, um arranjo lindo de pequenas flores com um *voilete* cobrindo os olhos. Tinha buquê também.

Em 25 de dezembro de 1989, a cerimônia de casamento foi celebrada na varanda da biblioteca do Hotel Lodge, de Peabble Beach, em frente a um campo de golfe ladeado pelo mar. Apesar do sol e do céu azul, fazia um frio de rachar. Após a troca das alianças, a comemoração continuou com um chiquérrimo almoço para a família e alguns amigos. Voltamos ao Brasil, e o sonho acabou um ano depois.

Dessa vez doeu muito. Havia promessas de amor eterno feitas por um jovem que eu inconscientemente, talvez, fingia acreditar a fim de não perder um só minuto de felicidade. Durante sete anos vivi cada minuto como se fosse o último, e não me dei conta de que o fazia exatamente por ter certeza de que o conto de fadas, um dia, iria acabar. Na hora em que não precisam mais projetar a mãe na mulher mais velha, os jovens têm a seu favor o argumento do desejo de ser pai. Por um passe de mágica descobrem isso, e o amor pela jovem senhora acaba, já que ela não pode ser mãe dos seus filhos.

Além de uma grande mentira, isso é de uma enorme crueldade. Doeria menos se dissessem não estar suportando as transformações do seu corpo, já submetido ao peso do tempo.

E a maturidade chegou

Entrei na década de 1990 com o coração pesando noventa quilos. Pesava também sob meus ombros a responsabilidade de uma sociedade empresarial que eu, sem saber abrir um computador, tive de tocar sozinha, apostando no escuro a cada dia. A guerreira sagitariana atirou flechas em todas as direções, pediu auxílio à sua organizada ascendente, Virgem, que depois dos meus 40 anos caminhou mais perto, e, juntas, enfrentamos uma dura batalha. Nessa ocasião, toquei meus spas, minhas academias de ginástica e minha fábrica de comidas congeladas, a Caloria Limitada, com garra e com a ajuda de muitos amigos.

No entanto, também entrei na década de 1990 como o diabo gosta. Para começar, fiz uma festa comemorando meus 50 anos, para oitocentos convidados no Resumo da Ópera. Os amigos ajudaram muito. Ricardo Amaral cedeu os Jardins do Resumo, que foi transformado em um jardim das mil e uma noites pelas mãos de fada de Dadala Jardim, que enfeitou estátuas com coroas de rabanetes e colocou nos braços delas buquês de réstias de cenoura. Alfaces de todas as cores, repolhos abertos, couves-flores e todas as hortaliças existentes estavam lá, "plantadas" no jardim. Maria Clara Tapajós, dona do Hotel Glória naquela época, cedeu as mesas e todo o serviço de jantar com bandejas e terrinas de pratas para colocar as pastas de legumes e as mousses, todas light, servidas com palitos de aipo, cenoura e pepino. As bebidas oferecidas no bufê eram sucos e chás.

Refrigerantes e bebidas alcoólicas ficavam por conta do bar do Resumo da Ópera. Nesse dia, permiti que todos se divertissem. E a animação que rolou na pista de dança com certeza não foi por conta dos sucos e dos chás... Eu mesma dancei para os meus amigos, incorporando Madonna. Show perfeito para ninguém botar defeito.

Entretanto, como nem tudo sempre foi festa na minha vida, muitos anos depois, percebi que, na verdade, aquela dança havia sido ensaiada e executada para provar a minha juventude e mascarar o real motivo por que fui abandonada.

Hoje, o casamento de mulheres mais velhas com homens jovens já não é nenhum bicho de sete cabeças. Aliás, dou a maior força para elas e se tenho oportunidade, aconselho: casem sim, vivam cada minuto como se fosse o último, porque esse dia, mais cedo ou mais tarde, vai chegar.

Nesse período, experimentei uma sensação de vazio. A filha com cordão umbilical cortado, ninguém para discutir o que é melhor para mim, ou resolver onde morar, que rumo tomar nos negócios etc. etc.

Fui no *feeling*. Fui morar na Lagoa, no apartamento que comprei como forma de investimento, após a segunda separação. Em pouco tempo, acabei fechando três empresas e fiquei apenas com o que eu podia abraçar. A academia de ginástica em Copacabana e o spa itinerante distribuído entre Búzios, Mangaratiba, Arraial d'Ajuda, Cachoeira de Macacu, Foz do Iguaçu, Pirenópolis, Paraty, Trancoso, Guarapari e Rio de Janeiro. Foi fuga, com certeza, para não chorar a perda de um grande amor.

Foi um grande amor, mas não foi o único desse tamanho. Tive outro na década de 1970 no intervalo dos dois primeiros casamentos. Rápido e arrebatador. Durou pouco. Apenas três meses. O suficiente para eu viver uma grande paixão.

Nos conhecemos em Cabo Frio. Eu estreava meu primeiro carro, um fusquinha vermelho, meu companheiro de tantas idas e vindas e esperas infindáveis na fila da balsa, às vezes mais demoradas do que o tempo que se leva hoje para ir e vir do Rio a Búzios, em época de carnaval.

A festa já começava ali, na Praça XV, no começo das noites de sexta-feira, ponto de encontro dos *bons vivants* que transformavam os fins de semana de Cabo Frio no point da moda de artistas, intelectuais e milionários.

Vi a Moringa sendo escavada por incansáveis e imensas máquinas. Era o projeto do meu amado, adorável e inusitado arquiteto, praticamente embaixador de Cabo Frio, responsável pela invasão dos excêntricos personagens visitantes (permanentes) que, juntos, contagiavam a cidade com a descontração de quem amava a vida.

A Praia das Conchas, para mim, é como uma lenda, fonte de uma saudade tão grande que chega a doer. Foi minha praia predileta quando ainda não era habitada. Tinha águas transparentes e tranquilas e, para completar esse lugar de sonhos, um barzinho para uma cervejinha gelada, um peixinho frito e camarões irrecusáveis. Mais rico em colesterol impossível e, graças a Deus, naquele tempo, ainda não se falava dos radicais livres – os maiores inimigos da saúde nos tempos de hoje. Acho que ainda não eram nascidos, e quem sabe por isso não éramos mais saudáveis naquela época? Sim. Claro. Éramos mais saudáveis. Nossas neuroses também eram mais leves. Os maiores problemas discutidos nos divãs giravam em torno dos relacionamentos em que a culpa dos nossos traumas recaía sempre no papai e na mamãe.

Tenho saudades também desse tempo! Hoje nos divãs o papo é outro. O principal objeto de discussão é o medo que engloba tudo sobre a vida, que, perigosa e incerta, desconcerta também os analistas. Portanto, qualquer tempo que me sobre usarei para mergulhar nos bons momentos do passado, e vou sempre reviver a minha história de amor em Cabo Frio, aos pouquinhos, como quem saboreia um Chicabon. As lembranças são muitas, e resgatá-las é uma forma de manter sempre viva, na minha memória, a imagem de César Thedin.

Pelo tempo que vivi na Região dos Lagos com meus amores, com meu trabalho, com minha energia contagiada pelo mar deslumbrante de toda aquela região, um dia, ainda no final do século XX, ganhei o título de cidadã Fluminense pelas mãos da amiga Solange Amaral.

3 | E O PENSAMENTO VOA...

As boas lembranças

Recentemente, no meu acupunturista, encontrei, o Sabino da praia de Ipanema, marido da Nininha. Dei um grito e um largo sorriso de alegria, mas o nome não saiu. Gritei: "da praia." E ele: "Sabino." Mais velho do que eu, mas de geração muito próxima, deve estar acostumado com os amigos que já não se lembram mais de nada, e não se fazendo de rogado me ajudou. Gentilmente, completou a frase para não dar tempo de confirmar que eu não me lembrava do nome dele. Foi tudo muito rápido, porque eu estava saindo da sala, sob efeito das agulhas, alegríssima, sem dores nas pernas anestesiadas, e ele estava entrando para "virar chuveiro". Essa é a minha fantasia quando saio das seções. Imagino-me bebendo um copo d'água e ela saindo pelos furinhos. Maluquice, claro! Mas ainda trocamos curto diálogo. Ele: "só nós, eu e a Nininha, sobramos... Eu: "no mesmo lugar?" Ele: "naquela mesma praia." Despedimo-nos com um forte abraço, e ele entrou. Até agora fico sem saber se o Sabino me reconheceu, porque não disse o meu nome nenhuma vez.

Depois desse breve encontro, viajei no passado, revendo a turma. E vi quase todos: Ziraldo, Milton Temer, Beth

Carvalho, Edmundo Souto, Eduardo Mascarenhas, Joaquim de Carvalho, Tânia e Vânia Carvalho, Teresa Miranda.

Passam rostos, agora, na minha tela, vejo o sorriso, a cor das sungas ou calções, não me lembro o nome de todo mundo! Mais rostos. Ronaldo e Lucia Shaia. O Kumbuca, como esquecer? Márcia e Py, Bernardo Krengiel, Renato Laguardia, Oswaldo Mendonça, Maria Sílvia, Sylvinha e Fiel... Mais rostos, biquínis, sungas, e resolvi voltar para o presente, ou iria sair chorando do consultório, o que seria péssimo para meu acupunturista, pois na sala de espera alguém poderia sair correndo com medo das agulhadas. Seria um choro de dor, sim, mas uma dor de saudade, ao mesmo tempo de alegria e de, mais uma vez, ter a certeza de que sou feliz.

Um passado rico de recordações engraçadas, de afetos, de amores, e a clareza de que fiz tudo certo, com as pessoas certas, meus amigos, como eu, operários de uma história construída com alicerces que resistiram ao tempo, foi o que ficou claro para mim nesse encontro com o Sabino. Ficou também a certeza de que, ainda que se passem muitos anos, quando nos encontrarmos, mesmo sem lembrarmos de imediato o nome uns dos outros, vamos nos abraçar e, se tivermos tempo de nos sentarmos num boteco, mesmo que não seja o Álvaro's, depois do terceiro chope, aos poucos, vamos nos recordar até da cor das toalhas de praia estendidas para marcar o terreno.

Feliz dia dos namorados!

Naquele dia dos namorados, abri meus e-mails muito cedinho, resolvendo levantar da cama para fugir do monstro da madrugada que nos ataca no primeiro piscar de olhos, ainda no escurinho da noite. Para mim, era o décimo dia dos namorados em que passava sozinha. Namorado, na nossa antiga linguagem, é aquele parceiro com quem nos encontramos apenas semanalmente, por isso, não pode ser chamado de companheiro. Este, por sua vez, para mim é marido, que dorme e acorda com a gente na mesma cama ou mesmo em camas separadas e, ocasionalmente, em quartos separados. Hoje, os termos são bem diferentes. Ou se fica (encontros por uma noite), o que na nossa época era atitude de moça de comportamento duvidoso, ou se está ficando (encontros sem o compromisso de uma próxima vez).

Como essa moda é mais recente, eu não diria que estava sozinha apenas por não concordar com o uso indevido do verbo ficar. Estava sozinha nem sei por quê, pois continuava sendo sedutora – traço que não me abandonou nem na terceira idade –, parecendo muitos anos mais jovem (também, com tanta ginástica!), dinâmica, engraçada e outras qualidades reconhecidas pelos homens, mas que nem por isso os fazem querer uma aproximação mais duradoura. Será medo de mim? Será que eu assusto tanto? Será que só me deparo com covardes, ou será que fujo como o diabo da cruz dos homens inteligentes, maduros, equilibrados que, ainda que raros nos dias de hoje, hão de existir em algum canto deste mundo?

Bem, não vou continuar nessa linha de reflexão senão acabo caindo em depressão profunda. Já não basta ter de comemorar mais um dia dos namorados absolutamente sozinha, para não dizer acompanhada em um jantar caseiro pelo ex-marido. O jantar era para ter acontecido no dia anterior e, por ele, foi transferido justamente para o dia dos namorados. Ainda me restava uma esperança de que essa mudança tinha a ver com a data. Não precisaria nem trazer presente. Bastaria, mesmo que entredentes, soltasse um tímido parabéns, sorrindo como quem diz: "é uma brincadeira." Se assim não fosse e se ele nem se lembrasse que era dia dos namorados, me fingiria de morta, ou melhor, de esclerosada, e não falaria absolutamente nada sobre como estava feliz por passar a noite (só jantar) com ele. Foi depois dele que um grande branco entrou em minha alma. Não digo que foi no coração, porque, se assim fosse, eu estaria morta para o amor. Não estou.

Amo a vida intensamente, de forma bem diferente daquela do passado, quando a minha euforia, as minhas gargalhadas, o meu corpo que se movia sem parar, dançando, correndo, saltitando, a ponto de ser considerada a Jane Fonda brasileira, caracterizavam minha alegria de viver. A vida mudou de cara e com ela a forma de amar mudou também. Mas não vou me estender citando chavões criados pelos idosos, como chamar a terceira idade de feliz idade. Parece até que quando éramos crianças, adolescentes e no auge da juventude madura dos 40 anos não éramos felizes. Balela! Sei disso. Éramos felizes, e muito felizes, e não sabíamos – frase atualmente repetida por muitas pessoas quando comparam a vida de hoje com a vida de trinta anos atrás, mais fácil, sem violência e sem tanta roubalheira dos governos. Hoje posso dizer – pelo menos é o que sinto – que os amigos me fazem feliz tanto quanto os namorados. Ou melhor, muito mais feliz, porque lá se vão muitos anos de amizades que, mesmo com longos espaços de tempo sem nos falarmos, continuam iguais.

Viva o presente, porque amanhã já será passado...

Quando conheci o Dennis no réveillon de 1996, na Atlântica, vivi com ele poucos momentos, mas que foram inesquecíveis a ponto de me fazerem atravessar um oceano para reencontrá-lo.

Aquela madrugada de Ano-Novo, sem dúvida alguma, ocupa um lugar importante na minha existência. Sempre acreditei, desconfiando, que Deus não nos mostra um caminho por acaso. Em tudo e em todos os momentos, se estivermos atentos, vamos perceber que coisas ou pessoas atravessam o nosso caminho para nos dizer alguma coisa. Escutar ou não vai depender do grau de percepção que desenvolvemos no decorrer da nossa existência.

Aquele breve encontro com Dennis me deixou várias mensagens, sendo que a mais importante foi uma verdadeira lição. Quantos momentos de amor, possivelmente maravilhosos, como aquele que tive com ele, deixei de vivenciar pela impossibilidade de voltar a tê-los. Comparo isso a alguns gordinhos meios conhecidos, que, diante de um prato com só um pouquinho de comida, escolhem ficar com fome, já que não podem repetir.

Embora tenha sido tempo suficiente para nos amarmos intensamente, foram tão poucos os momentos em que eu e Dennis estivemos juntos que, se tivesse esbarrado nele por acaso quando cheguei em Paris para reencontrá-lo, não o teria reconhecido. Contudo, mesmo não me lembrando perfeitamente do rosto dele, reconheci o seu perfume quando ainda no aeroporto nos abraçamos sem palavras.

Um perfume que me transportou para a Avenida Atlântica onde, em meio ao pipocar dos fogos, dos trancos que levávamos da multidão, nos vimos pela primeira vez. Lembro-me de ter ficado assustada, pois, ao olhar em seus olhos, os vi coloridos e brilhantes. Reluziam em todas as cores, porque refletiam os fogos que saudavam os primeiros segundos de um novo ano. O seu sorriso me encantou e por nenhum momento relutei em aceitar o beijo que ele me ofereceu. Horas depois, eu voava para Foz do Iguaçu e ele voltava para o seu país. Foi um começo de ano tão perfeito que deu até para acreditar naquelas mensagens de fim de ano da TV Globo, que nos prometem mundos e fundos em termos de felicidade.

Os dias em que eu e Dennis passamos juntos em Paris foram muito bons, mas não maravilhosos. Em nenhum momento voltamos a sentir o enlevo da primeira vez. Talvez porque não fosse mais novidade ou talvez porque ele não estava mais em perfeitas condições de saúde. Havia feito uma cirurgia no joelho que lhe tinha deixado sequelas.

Até mesmo a nossa noite de amor enfrentou dificuldades. Afinal, a cama do hotel não tinha sido preparada para um hóspede de 1,95m, que sequer podia dobrar a perna. Há um ditado popular que diz: na horizontal todos têm o mesmo tamanho. Agora estou certa de que essa afirmação só é verdadeira se pelo menos pudermos dobrar as pernas.

Todavia, o saldo da viagem foi positivo. Tomamos bons vinhos e, com ele, experimentei os lugares que só os franceses *chics* frequentam.

A verdade é que já não me lembro tanto do rosto de Dennis, mas ficará para sempre na lembrança o homem que Deus escolheu para me ensinar uma lição: "viva o momento presente, pois amanhã ele já será passado e não estará mais ao seu alcance, e, se estiver, não será mais o mesmo."

Dinda, minha heroína

Por muito tempo, eu e Dinda fizemos planos para juntas irmos a Paris, viagem que, em 1959, ganhei de prêmio no concurso de Rainha dos Jogos da Primavera e que nunca saiu. Dinda seria minha acompanhante. Mamãe achou justo oferecer o prêmio a ela, porque era culta e sabia falar um pouco de francês. A viagem não aconteceu, mas os planos continuaram em pauta por muito tempo.

A vida foi mudando, casei-me, separei-me, casei-me, separei-me e casei-me de novo e separei-me de novo, e a Dinda sempre me ajudando nos momentos difíceis, me bancando, pagando minhas contas sempre que a coisa ficava preta e nunca sobrando dinheiro para ela conhecer Paris. Sempre cuidando de todos.

O sonho da Dinda acabou se concretizando, quando, nos seus 85 anos, decidi levá-la, mesmo com todas as dificuldades inerentes à idade, porque acho que o ser humano não pode morrer sem concretizar pelo menos um grande sonho. Viajamos com muito remédio, casaquinhos e tudo o mais. Quando fui ajudá-la a fazer as malas, percebi que ela estava lendo dois livrinhos de conversação em francês, amarelados pelo tempo. Acho que datavam de 1940, quando ela, ainda aos vinte e poucos, versou um livro de história infantil do português para o francês.

Peço a Deus que me deixe sempre ficar como a Dinda, chegar aos 94 com cabeça que o tempo não conseguiu envelhecer. Dinda ficou lúcida até o fim de sua vida. Sabia tudo sobre juros e aplicações. Tinha sempre uns CDBs vencendo no exato dia em que lhe pedia socorro.

Mil e uma noites de dor de cotovelo

Quando George me disse que estava no meio da floresta escutando beija-flores, consegui visualizar o seu rosto com aquele sorriso que eu tanto gosto e uma expressão que lhe é muito peculiar, de quem só hoje descobriu as maravilhas do mundo. Sempre que o vejo sorrindo assim, fico pensando como pode um homem como o George, já na casa dos 40, não ter sido contaminado pelo vírus da vaidade exacerbada, que tomou conta de homens e mulheres deste planeta.

George teria tudo para ser um narciso, mas está aí, vivendo na maior simplicidade, apesar de sua beleza. E quando falo desta beleza, vejo a de dentro e depois a de fora. Isso sem contar com o deleite que é ouvi-lo tocar piano.

No dia em que nos conhecemos e ele sorriu para mim, tomei até um susto. Primeiro, achei que ele já me conhecia e, por alguns instantes, fiquei assustada com a minha falta de memória, que, cada vez pior, vem me deixando embaraçada por não reconhecer quem me cumprimenta, pelo menos de imediato. Às vezes, levo até uma semana para me lembrar do nome dessa ou daquela pessoa que encontrei e tive de fingir saber quem era com o célebre: "oi, querida."

Quando nos encontramos novamente, segundos depois, ele já estava sentado ao piano, tocando tão bonito que não resisti e sentei-me ao seu lado como velhos amigos. Cantarolei Ligia, de Tom Jobim, e ele tentou acompanhar, ainda não sabendo o meu nome. Tocou com tanto amor que fiquei em pânico, pensando cá com os meus botões: "estou com alto grau de esclerose. Pelo jeito, esse aí foi meu namorado e esquecer um namorado tão bonito assim só estando doente." Mas quando ele parou e ainda sorrindo perguntou o meu nome, respirei aliviada e respondi: "meu nome é Ligia, e o seu?"

Foi tão bonito o nosso primeiro encontro! Vivemos, em 24 horas, um relacionamento que teve começo, meio e fim. Foi tão completo que, ao me despedir dele, fiquei em paz mesmo tendo a certeza de que nunca mais íamos nos encontrar.

Muitas vezes pensei nele como se fosse o personagem de um sonho. Era ao mesmo tempo tão distante e tão vivo que eu podia até escutar a sua voz falando baixinho ao meu ouvido. "Seus olhos são lindos." Quando, ainda naquela noite, eu disse que o amava, ele respondeu: "eu sei."

São duas coisas que as mulheres gostam de ouvir dos homens: que seus olhos são lindos e, que reconhecem como verdadeiro o seu amor por eles. Porque mais difícil do que amar hoje em dia é acreditar no amor do outro.

Eu nunca encontrei antes um homem com quem pudesse falar tão francamente de amor. George falava a mesma linguagem que eu. Parece até que os nossos corações tiveram a mesma escola, aquela que ensina aos homens que amor é desapego e, por conseguinte, liberdade.

Sempre que falo sobre desapego, as pessoas confundem com egoísmo, e assim pensam porque confundem liberdade com desafeto. Eu acredito que quando se ama verdadeiramente o mais importante é deixar o outro ser, e não tê-lo. Tanto que quando aconselho as minhas amigas que choram um abandono, lhes digo: "solte. Se for seu, ele volta. Se não voltar, é porque nunca o foi." Eu acredito nisso. É mais fácil de digerir a dor de cotovelo.

E por falar em dor de cotovelo, descobri uma coisa incrível. Que a dita dor aparece como resultado de um coração partido porque os meridianos do coração passam bem por ali, pelos cotovelos e, como os corações, os cotovelos doem também.

Entre o céu e o inferno

Estou aqui em Búzios, onde o céu é de um azul divino e o vento sopra mais suave nesta hora do dia. São 11 horas. Desliguei o som para escutar a sinfonia dos pássaros. Se o meu George estivesse aqui, sem dúvida alguma, ele colocaria a mão em concha no ouvido, pois os pássaros estão bastante excitados, cantando muito alto. Com certeza comemoram o sol que começou a brilhar novamente. Como são afinados! E não precisam de maestro... São artistas completos. Dançam uma coreografia nervosa, que desenvolvem quando se mudam de uma árvore para outra.

É muito bonito aqui! A água do canal mais parece um espelho refletindo a imagem dos barcos coloridos. Fico olhando para isso tudo e me pergunto se estou mesmo no Brasil. Não que no Brasil não existam lugares bonitos. Muito pelo contrário. O Brasil é o lugar mais bonito do mundo, mas essa paisagem faz a gente pensar que está no Nirvana.

Ontem à noite, fui de barco para a Ilha das Rocas. É tempo de lua cheia, daquelas que iluminam todo o mar. O barco ia se afastando, e o hotel ficando pequeno, todo iluminado, parecendo um palácio de ouro com as janelas coloridas pelas cerâmicas usadas na decoração. Estava muito bonito mesmo. O barquinho deslizava gostoso no canal da Marina, quando, de repente, o bico subiu e aí me senti na montanha russa. Estávamos entrando no mar, o mesmo mar onde, há uma semana, um tubarão atacou um surfista.

Ainda me custa aceitar que tão perto do céu possa estar o inferno, pois, na verdade, quando sol e mar se juntam na linha do horizonte são um só.

Entetanto, a lua iluminava bem o caminho e eu fiquei tranquila, pois o barqueiro – também reparei bem nele – levava a embarcação com a segurança de quem nasceu dentro dela. Foi uma viagem de dez minutos, tempo suficiente, contudo, para me recarregar a alma. Chegamos à ilha e o sonho acabou.

Um batuque infernal animava uma festa para quase ninguém. É incrível como o ser humano pode ser tão cego e desagradável de vez em quando. O batuque e os batuqueiros não nos pouparam os ouvidos, e, uma hora depois, o barquinho já nos trazia de volta. A viagem de volta foi mais agradável ainda, pois, enquanto o barco não vinha, matei o tempo me deliciando com um vinho português dos deuses. Fui dormir em paz, pensando no meu George.

Chega de saudades!

Apesar de estar literalmente mal das pernas, acordei feliz. No primeiro sinal de melhora, pus-me a arrumar a casa recém-decorada, naquela de mudar tudo por dentro e por fora, seguindo os conselhos dos trânsitos astrológicos que estavam dizendo: "jogue o velho fora, solte o que já não interessa ficar na lembrança, vai em frente que atrás vem gente."

Liguei o rádio na hora dos Clássicos do Brasil, no exato momento em que cantavam a Marrom, falando do "chamego da crioula que, tomado de meia em meia hora, levantava da cama o quase defunto de 70 anos", Milton, Caetano, Tetê Espíndola e o Chico. E nessa hora meu coração ficou apertado: ouvir Chico me dá uma imensa saudade. A mesma saudade que sinto quando escuto Tom Jobim. Aliás, só consegui ver o Especial do Tom uma vez. Tento ver de novo, mas um nó na garganta não deixa. Dá uma saudade profunda, dói demais lá dentro, no fundo da alma.

Saudade dos meus anos de felicidade com liberdade, aquela que só se tem aos 30 anos, quando se descobre a luz do outro lado do túnel. Apesar de que, a cada dez anos, outra luz aparece porque outro túnel foi construído, prisões foram criadas, algemas que não deixam estender a mão para o que e para quem você quer, porque as amarras puxam para outro lado e a gente se perde no caminho que estava no mapa traçado pela esperança de encontrar mais paz ali adiante.

Achei que tudo passaria quando chegasse aos 40 anos, que tudo estaria resolvido, teria entrado nos eixos, mas qual!? Foi só um sonho, meu e das mulheres dos 40 – não confundir com as quarentonas, pois falo das mulheres nascidas naquela década. E lá vem a lembrança, junto com a voz do Ney Matogrosso:

Pavão misterioso
Pássaro formoso
Tudo é mistério
Nesse teu voar

Ai se eu corresse assim
Tantos céus assim
Muita história eu tinha pra contar
Pavão misterioso
Nessa cauda aberta em leque
Me guarda moleque
De eterno brincar
Me poupa o vexame
De morrer tão moço
Muita coisa ainda quero olhar...

Ai! Lá vem a pontada no meu peito, o arrepio de perna e braços, remexem-se as minhas vísceras. Por quê? Porque hoje não tenho mais, lá dentro, a alegria daqueles momentos de sentir amor, de dar risada, que era como descobrir o soro da juventude. E não tínhamos a menor ideia de como é doído perdê-la...

Travessuras de uma menina

Acabo de ler um livro que me impressionou muito, *Travessuras da menina má*. Temos, eu e a menina má, algumas coisas em comum: tivemos vários maridos e a necessidade de trocar, vez em quando, de companheiro, pois, também em comum, temos o fato de enjoar da relação quando se esgota a possibilidade de enriquecimento depois de algum tempo de convivência. Ela trocava de marido para enriquecer o bolso, e eu para enriquecer a alma. De vez em quando, me questiono se hoje não estou sozinha por falta de opção. Mas esse nefasto pensamento dá lugar a uma incrível sensação de liberdade e rapidinho me vem à lembrança aquela palavra de minha mãe: "neném (me chamava assim, mesmo quando já adolescente), antes só do que mal acompanhada." Sigo à risca esse conselho. Quando, a cada sete anos, um casamento se extinguia, exigindo de mim um esforço supremo de corpo e alma para me reerguer, tentar continuar, meu corpo adoecia e minha mente bloqueava a entrada de qualquer lampejo de criatividade ou de alegria. Era como se a felicidade estivesse invadindo um território proibido que mantinha as portas fechadas.

Esse estado de letargia da alma, no entanto, não resistia à vida interior que explodia em certo momento, e sua fumaça escrevia no céu uma mensagem salvadora, quase divina. "É hora de parar." Racionalmente, essa mensagem chegava de forma mais atraente por apresentar certa jocosidade, não deixando culpa atrás de si. Era um aviso intelectual usando palavras simples: "te manda, sai para outra, isso aí já acabou." Eu obedecia imediatamente, e, de uma hora para outra, as malas estavam arrumadas. O caminho à frente, havia algum tempo, já estava traçado na minha mente, mas a resistência não me permitia escutar o que o meu coração falava e então acionava o botão desse "gravador", tendo a certeza, porque ele nasceu comigo, que eu o ligaria na hora certa.

Foram anos divertidos e sofridos. Divertidos quase todo o tempo que duravam as relações, enquanto o sofrimento decidia vivenciá-lo sozinha, para não ter testemunhas da minha dor. Queira ou não, por vontade própria ou por vontade do outro, a separação dói demais. É um vazio de espaço, um vazio no intelecto, um vazio no coração, esteja você certa de que fez o melhor para você ou não. Dói de qualquer jeito. O luto é real.

Um ano de luto fechado e outro de luto aliviado eram as regras para as viúvas do meu tempo, lá no Acre, que se vestiam de preto por um ano e mais um de cinza, roxo ou preto e branco. Hoje, quando as mulheres me falam de suas separações, meu conselho é para que não resolvam nada em termos definitivos durante o primeiro ano.

Nessa fase, tudo o que se faz para sair do sofrimento é fuga, como um novo amor, uma nova casa, mudança de cidade, até de país. Nada será suficiente para substituir o lugar que ocupava aquele que foi e sempre será parte de nossa história. Há noventa e nove por cento de possibilidades de errar. A frustração, a dor de cotovelo, a raiva, o desejo de vingança apoderam-se de nós, tomando espaço do amor próprio de que nunca deveríamos abrir mão.

Milagres não existem

Quantas pessoas você conhece que transgrediram toda e qualquer regra para ser saudável e viveram mais de 80 anos? Com certeza cada um de nós tem uma história para contar. Quem não tem um avô ou um conhecido da família que viveu até os 98 anos sem nunca ter ficado doente, mesmo não dispensando um churrasco suculento ou um torresmo? Em alguns casos, além da alimentação inadequada, a pessoa fumava vinte cigarros por dia e não dispensava uma cervejinha durante as refeições. Mesmo desconfiando da total veracidade desses relatos, há que se admitir que no passado o homem tinha mais liberdade para usufruir dos prazeres da gula ou dos vícios tidos como inocentes. Tudo isso sem sinais aparentes de culpa.

Há algumas décadas, a vida era muito mais tranquila. Naquela época, não havia o estresse dos dias de hoje, e os elevados níveis de poluição do ar a que somos submetidos atualmente eram inimagináveis. Há vinte anos, ainda não se falava no surgimento dos buracos na camada de ozônio, cujo aparecimento transformou o sol em inimigo da humanidade.

Hoje, os produtos químicos usados em prol da conservação envenenam os alimentos e os transformam em elementos tóxicos. Invenções como o elevador e os meios de transporte modernos, os aparelhos domésticos e a televisão, que permitem o lazer sem gastar calorias, trazem como consequência o mau funcionamento de alguns dos mais importantes órgãos de nosso corpo, como o coração e os pulmões.

Descobriu-se recentemente que, no campo da saúde, os grandes vilões são os radicais livres. Inimigos mortais, resultantes de todos esses fatores, são considerados a sujeira de nosso sangue e os responsáveis pela baixa das defesas do organismo. Portanto, precisamos ter em mente que não existem milagres quando lidamos com a nossa saúde. Nos dias de hoje, para se chegar aos 90 anos, é bom ficar de olho na qualidade de vida. Com negligência, não dá para chegar inteiro nem aos 60.

O tempo não para

Não dá para parar o tempo! É uma verdade. Olho para trás e me vêm as lembranças da juventude, em que tudo era mais engraçado, mais leve, muita festa, muita beleza... Apuro um pouco mais a memória e me vejo no dia do meu casamento. Com 21 anos, ainda virgem, com tanta expectativa quanto à noite de núpcias que mal pude curtir a festa. No dia seguinte, o encanto tinha acabado e da festa nem me lembrava muito bem.

A lua de mel acabou rapidinho. Nova vida, nova casa e as primeiras grandes responsabilidades. Daí para a frente, a cada ano que passava, maior ficava o fardo. Filhos, quanto mais crescem mais trabalho dão! Se eu pudesse parar o tempo, em que época o teria feito? Com certeza, voltaria àquela das festas, da irresponsabilidade, da beleza, quem sabe? Mas e a noite de núpcias? Não a teria vivido.

Quem sabe seria bom ter ficado para sempre curtindo aquele lindo bebê, que dava trabalho, mas que eu tinha sob controle... Aí, então, eu não estaria presente para acompanhar seus primeiros passos. E depois a sua formatura, e o que dizer de sua festa de casamento? Revi a minha vida até os 45 anos e não consegui encontrar o momento que justificasse o desejo de ter parado o tempo. Vou até os 50. Se aí eu tivesse parado o tempo, poderia ter sido muito bom. Eu estava em ótima forma e cheia de sabedoria. Mas também não. Eu não estaria totalmente realizada, não só profissionalmente como na vida familiar.

Ainda não seria avó e não teria tido tempo de voltar à Bahia. De Búzios, até pouco eu só conhecia um lado, que era o da linha do mar. Se o tempo tivesse parado, eu não poderia conhecer Búzios do alto da montanha, vendo tudo lá de cima, vendo a lua cheia sair de dentro do mar. Não teria conhecido a praia Brava de todos os dias, nem a da Foca, com aquelas piscinas azuis, cheias de Jacuzis. E voltando à Bahia! Afinal, ali, há tempos, Deus presenteou-me com falésias e estrelas cadentes. Uma noite, até deu para contá-las. Eram quase vinte caindo em volta de mim.

Bahia e Búzios têm algo em comum. Tanto em Trancoso, como no Arraial quanto lá do alto da Brava, a lua cheia surge na minha frente. É tudo de bom! Mas bom mesmo foi não ter podido parar o tempo. E graças a Deus ninguém vai poder pará-lo, porque, tenho certeza, a vida ainda me presenteará com muitas surpresas. E quanto à beleza? Não teria sido bom ter parado o tempo em prol da juventude eterna? Não. Eu teria perdido a melhor parte de minha vida: os meus netos que só chegaram nos meus 60 anos. Está bom assim. Que bom que não se pode parar o tempo...

Ter filhos...

Ter filhos cedo apresenta duas facetas. Corta muito o barato da juventude, mas coloca a gente mais perto do filho, com cabeças que pensam mais próximo. Chega um momento em que filho e mãe fazem parte do mesmo mundo. Isso pode ajudar ou complicar muito para os dois lados. O cuidado com uma possível simbiose é indispensável. Um não se confundir com o outro exige vigor e investimento e pode se transformar numa batalha de vida ou morte. Não do corpo, mas da personalidade. E geralmente a corda arrebenta do lado mais fraco. E aí vemos muitas filhas que são a sombra e a cópia das mães, repetindo tudo igualzinho à mamãe e, muito mais tarde, já sem tempo, descobrem que não viveram a sua própria vida. O autoconhecimento não se alcança sozinho.

O preconceito às terapias ainda é muito grande, e, com isso, muitas histórias mudam seu curso por falta de aprendizado no manejar das próprias rédeas. Quem se conhece por dentro sabe que pode ter a cada dia uma idade diferente, porque pode viver a cada dia diferentes situações. O que define quantos anos se tem naquele momento é o teor de energia com que se comanda essa ação.

O amor...

Descobri, a tempo, que a mola propulsora da vida é o amor. O amor tem tantas formas, que difícil é conhecer alguém que já tenha vivenciado todas elas. Não sei de quantas maneiras já amei, mas a cada dia descubro uma nova. Amor de irmãos, amor de amigos, amor por si mesma, amor aos inimigos, amor ao belo, ao diferente, ao animal, a uma cor etc. etc. E sobre todas as coisas, amor a Deus, pois Ele nos ensinou e nos deu a capacidade de amar.

A minha escala de prioridades amorosas começa com o amor a Deus, depois aos meus pais, à minha filha e aos meus netos, e esse amor é tão grande que por eles daria a minha vida. Em seguida, são vários amores que correm em paralelo e entre eles vem o amor ao meu trabalho. O homem tem um espaço definido na vida a partir do que ele faz.

Quando se trabalha com amor, cria-se a cada momento, dando vida a projetos que se desenvolvem desde o embrião até o parto. A grande ferramenta que o homem tem nas mãos para o seu crescimento como pessoa é o seu trabalho, aquele que escolheu e que desenvolveu, representando a base de seu sucesso e de suas vitórias. Eu trabalho no que gosto, desenvolvo um novo projeto a cada dia e tenho saboreado a vitória muito frequentemente. Isso me faz amar a vida.

Se você desenvolve o amor dentro de si, fica fácil ser amado, porque existe a lei do retorno. O que você dá recebe em dobro. A sua energia amorosa encontra sempre uma outra que está na mesma sintonia e é por aí que acontecem os grandes encontros entre homens e mulheres. Esse amor, que hoje parece ser tão difícil de compartilhar, é encontrado geralmente quando não se procura. Embora o ditado diga "quem procura acha", acredito que nesse caso isso não dá certo. Um amor acontece. Não se acha. Amor atrai amor.

Se você está cheia de energia amorosa, pessoas com essa mesma energia notarão quando você passar. Solte o obsessivo desejo de amar e verá que o amor está ao seu lado. Solte sempre, até o amor acontecer, porque a posse é o antídoto do amor. Assim como os pássaros, os homens e os corações precisam estar livres para se desenvolverem plenamente. Os gurus têm um objetivo final: é o desapego, que não significa desamor. Significa soltar. Os preconceitos são as maiores barreiras para o amor. Preto não pode amar branco, jovem não pode amar velho, rico não pode amar pobre. São preconceitos sociais que vão de encontro ao carma de cada um. Nós podemos tudo, mas é pena que poucas pessoas descubram isso a tempo.

Margit, minha amiga de toda a vida

Há quanto tempo não encontro a Margit! Vejo-a agora na minha tela mental. Várias vezes, na minha infância e adolescência, tive de dividir meu quarto, e uma das pessoas com quem tive de fazê-lo foi ela. Dessa vez, foi convite meu, e mamãe não me negou o pedido. Dormir e acordar com a melhor amiga, confidente fiel, é o sonho de qualquer adolescente, mesmo hoje em dia. Muito tímida e quieta, Margit não gostava de festas ou de dançar. Muitas vezes, quando chegava exausta dos bailes, eu a encontrava acordada, ansiosa por notícias de mais uma noite que sempre acabava com um namoro começando. Eu chegava eufórica, já completamente apaixonada pelo eleito e, entre cochichos e risos, lhe contava sobre a conquista. Sem acender as luzes, íamos para a cozinha, para papai não reclamar dos nossos sussurros, e eu, roxa de fome, atacava a geladeira comendo qualquer coisa. Até feijão gelado com farinha e azeite. Hoje em dia, escuto muito essa história de atacar a geladeira na madrugada, mas sempre por solidão, nunca por felicidade. Acho que essa última opção é característica de adolescente.

Nossos caminhos muito cedo seguiram rumos bem diferentes. Eu me casei com um jovem apenas um ano mais velho do que eu, e Margit, alguns anos depois, com um homem maduro, acho que trinta anos mais velho do que ela. Intelectual, estrangeiro, bonito e tudo que uma mulher pode querer em um homem, e com isso nos distanciamos por quase toda a vida. Margit esteve casada com Stein até pouco tempo, mora em São Paulo e, graças à internet, voltamos a nos falar, sempre prometendo que qualquer dia irei passar uns dias em São Paulo. O quarto de hóspedes está lá, há anos, esperando por mim. Não perco as esperanças de um dia tirar umas férias de uma semana e botar a vida em dia com a minha querida amiga.

Em Arraial d'Ajuda uma aventura cotidiana

Meu spa em Arraial d'Ajuda daria um capítulo à parte. Situado sobre o Paralelo 17, Arraial d'Ajuda é o lugar do Brasil onde se concentra a maior quantidade de energia cósmica. Na Ponta do Coqueiral, onde a natureza mais bonita do lugar sofreu a devastação causada pela ação do homem, ainda permanece o maior tesouro, aquele que ele ainda não conseguiu destruir: a visão mágica da lua nascendo e do sol se pondo no entardecer mais bonito do universo. Do lado direito, o mar. Do lado esquerdo, o rio Buranhém. O encontro das águas parece ser pacífico, mas se o homem tentar vencer a correnteza invisível será tragado – aí pode estar a força do Paralelo 17, que dita as regras da natureza que o homem não pode mudar.

O Arraial d'Ajuda é tão rico que nos presenteia com dois arcos-íris que têm começo e fim: começam na areia da praia, cortam a mansidão das águas transparentes e mergulham na linha do horizonte. Sentada no banco da praia do Apaga Fogo, pude, um dia, chorar diante de um céu com cores tão puras como jamais havia visto. Azul, rosa, lilás, laranja, iluminados pela lua que se refletia num mar prateado o qual, por sua vez, refletia as cores do céu.

A caminhada nas praias é debaixo de um sol escaldante, mas a brisa que sopra constante não nos permite sentir o ardor na pele. A imensidão do mar, da areia e das falésias nos deixa confusos com a sua beleza. E por alguns momentos a gente pensa que achou o paraíso.

Para quem não sabe, as falésias são os morros chanfrados, de terra vermelha, que Cabral viu em primeira mão e achou que fosse fogo. Elas ainda estão lá, talvez um pouco mais chanfradas, mas o fogo não se apagou.

As noites em Arraial d'Ajuda são comparadas às de Ibiza: mais rústicas e, talvez, mais verdadeiras, porque os nativos não permitiram ainda que a breguice da civilização tomasse conta do pedaço. Ecoam todas as línguas na noite colorida e suave. O silêncio dos becos às vezes é cortado pelos gemidos dos namorados. O som da lambada atrai os estrangeiros, enquanto a verdadeira alegria se concentra mesmo nos recantos malocados dos brasileiros. Exemplo, a Casa da Joana, na beira do mar, com as areias cobertas de pitangueiras, lugar que eu escolhia para me refugiar quando queria encontrar a paz. As pitangas vermelhinhas e doces eram o meu grande prazer, principalmente porque eu tinha de comer escondida dos meus clientes do spa.

Até hoje, no dia 2 de fevereiro, é comemorada a festa de Iemanjá, na casa da Joana, uma linda mulher, querida amiga, meio que uma lenda na região, mistura física de Iemanjá com sereia. Nessa noite, toda a cidade comparece para iluminar com velas a extensão da praia e colocar seus pedidos num barco levado mar a dentro pelos devotos, até onde ainda der pé. Depois, sozinho, dirigido pela energia daquela verdadeira multidão, segue em frente. Até perdê-lo de vista, o silêncio é total. As orações feitas são o segredo de cada um. Então a festança toma corpo. Comes e bebes, muita alegria, romances que nascem naquela noite de puro amor.

Todos os anos me prometo voltar a Arraial para essa festa. Nunca consigo, sob o pretexto de estar trabalhando, mas, atualmente, cheguei à conclusão de que estou fugindo de mais uma saudade, que será integrada a essa coleção de lembranças que acumulei durante toda a minha vida. O compositor tinha suas razões quando fez aquela música que diz "a saudade mata a gente, morena, a saudade mata a gente". E para completar, o dito popular não alivia e não nos deixa esquecer que, "se não mata, maltrata."

Em agosto, a semana da padroeira da cidade, Nossa Senhora d'Ajuda. Fogos, bandas, feiras e pessoas que vêm de todos os lugares para uma semana de festividades. Sempre que posso, volto a Arraial d'Ajuda para visitar minha amiga Joana e almoçar na praia da Pitinga.

Um passeio imperdível para quem visita a região: caminhar pela praia até Trancoso. Eu e Luiza Brunet, uma vez, fizemos essa caminhada de topless. Cansadas e com sede, sentamos em uma mesinha numa barraca da praia, o garçom se aproximou e disse: "aqui, mulher não senta sem sutiã. Se não botar o sutiã, a gente não serve!" Pensei: "quantos não dariam milhões para ver ao vivo e a cores os impecáveis seios da Luiza..."

Nunca esquecerei Arraial. Foi lá que, numa noite de céu estrelado, deitada nas areias brancas da praia, sob o céu negro de onde se desprendia uma chuva de estrelas cadentes, vivi mais um bonito encontro de amor...

E, embora o spa em Arraial tenha sido o mais rico em belezas naturais e aventuras inusitadas, lugar de grandes amores vividos, mostra o tempo – 25 anos de spa – que o lugar que ficou marcado no meu coração foi mesmo Búzios, e por esse motivo eu voltei para lá. Um quarto de século é tempo suficiente para eu ter a certeza de que Búzios, depois do Acre e do Rio de Janeiro, ocupa, também, o meu coração.

4 | MEUS TRABALHOS

A alma do negócio

Ser pioneira de um projeto é um grande desafio. De um lado a empolgação, a criatividade a mil por hora, mas, em contrapartida, o medo de que não dê certo. Aí entra a característica pessoal do inovador. De acordo com o meu signo – Sagitário –, o desafio faz parte da minha personalidade. Lanço sempre a flecha. E corro atrás com a velocidade que me é possível. Sou tão rápida, talvez não tanto como o Sagitário, pois minhas pernas não são tão fortes quanto as dele. Mas, para compensar, tenho rapidez nas decisões.

Um exemplo disso foi a decisão de abrir a minha primeira academia de ginástica, em Copacabana, na rua Bolívar. Aluguei um apartamento de quarto e sala, derrubei as paredes, amigos ajudaram na pintura. Coloquei barras nas paredes, um espelho e comprei uma escrivaninha na Rua do Lavradio, que há 43 anos me acompanha. Não sou supersticiosa, mas acho que ela é uma das responsáveis pelo sucesso dos meus negócios, pois era na sua gavetinha que eu guardava o dinheiro das mensalidades pagas pelas alunas, desde o primeiro dia de aula.

Comecei com oito alunas no primeiro dia de aula. Dava três aulas pela manhã e três à tarde, porque acumulava dois empregos públicos como professora de ginástica em escolas. Três anos depois, fui obrigada a ampliar meu espaço. Saí da Bolívar e, para não perder alunas, fui para a rua Barata Ribeiro na mesma direção da sola da pequena academia. Aluguei três salas, uma ao lado da outra, e novamente pus-me a derrubar paredes. Logo na primeira delas, os pedreiros não conseguiram destrui-la totalmente. A 40 cm do chão, encontraram uma espessa malha de ferro que adentrava 60 cm pela sala. Ficou resolvido, por mim, é claro, que eles trariam uma serra no outro dia e poriam tudo abaixo, para transformar as três pequenas salas num salão.

Naquela mesma noite, fui a um jantar na casa de um dos amigos da turma de Ipanema e lá encontrei meu salvador, Ivan Oeste, grande engenheiro e amigo querido. Empolgada, contei-lhe a novidade da mudança e falei da parede que eu ia serrar no dia seguinte. Ele ficou apavorado e disse: "são as colunas do prédio, se você derrubá-las, o prédio corre sérios riscos de vir a baixo." Cedo, pela manhã, ele já estava na obra, confirmando o que eu ouvi na noite anterior. Eram as vigas-mestra do prédio.

Com o contrato de aluguel já assinado e como eu não podia fazer mais nada, continuei a obra sem contudo erguer novamente as paredes. E como de um limão faço sempre uma limonada, decidi fazer de cada parede, agora incompleta, um banquinho, onde as alunas podiam deixar suas bolsas ou sentar para esperar a aula seguinte. Contornei a sala com espelhos e barras e continuei crescendo.

Tive grande sucesso nessa academia, principalmente quando, na coluna do Zózimo, foi noticiado que Odile Rubirosa era minha aluna, levada pelas mãos de Moema Jaffet. Socialites e artistas famosos "me descobriram", e a academia lotou.

Foi quando, na empolgação do sucesso, resolvemos, eu e meus professores, fazer uma propaganda ao vivo do nosso trabalho. Distribuímos cartões em restaurantes de Copacabana, Ipanema e Leblon de forma inusitada. Para que não fôssemos reconhecidos, fizemos o que hoje é comum chamar de *performance*, mas, naquele tempo, chamavam mesmo era de maluquice. Vestidos de malhas pretas e com os rostos pintados de branco, saímos por vários dias, muito mais nos divertindo do que trabalhando, até chegarmos ao final do roteiro, o Antonios, no Leblon, refúgio de intelectuais, artistas e *bons vivant*, restaurante que eu frequentava muito com a minha turma de Ipanema. Meu saudoso amigo Carlinhos de Oliveira, excêntrico e famoso jornalista, fazia do Antonios sua casa e seu escritório. Fui por ele reconhecida por causa dos meus cabelos, negros e com muitos cachos, modelo Pigmalião 70. O marketing deu frutos e me mostrou claramente que ele é mesmo a alma do negócio.

A magia das cores

Fiquei três anos na sala da Barata Ribeiro e, então, vi que estava na hora de crescer mais um pouco. Refiz as paredes, entreguei as chaves e mudei-me para uma sala de 120m² num prédio na Avenida N. S. de Copacabana, no nono andar, esquina com a rua Barão de Ipanema. Nessa nova academia, fiquei durante 25 anos. Dessa vez, foi o amigo e arquiteto Marcos Kair que me ajudou com um projeto inovador, desenhado num guardanapo de papel no restaurante Álvaros, num almoço de domingo pós-praia.

A sala principal da academia era toda branca e todos os cantos e junções das paredes eram arredondados. Parecia um Iglu. O chão, também branco e de epóxi, foi a grande surpresa. As barras eram azuis-escuras, e os colchonetes, também. Detenho-me nesses detalhes das cores, porque foi exatamente a partir desse aspecto que tive a minha primeira experiência sobre a importância psicológica das cores na emoção e no comportamento do ser humano.

Nos primeiros dias, logo após a inauguração da nova academia e empolgadíssima com o seu sucesso, eu não queria sair de lá nem para almoçar. Pedia então que mandassem comida subir para o nono andar. Em poucos meses e já acostumada com a beleza do novo visual, passei a almoçar em casa. Mas, de repente, sem eu saber por quê, comecei a ficar com o "coração apertado", sempre no final do dia. Achei que era cansaço, entretanto, mesmo depois de chegar em casa e descansar o corpo, continuava me sentindo diferente, triste, ansiosa e às vezes angustiada.

Certo dia, folheando livros em uma livraria, encontrei um que me chamou a atenção: *Psicologia das cores*. Comprei, comecei a leitura no mesmo dia e aprendi muito sobre a importância das cores na nossa vida. Mais do que isso: naquele livro, encontrei a solução para o meu "coração apertado".

Constatei que um ambiente todo branco assemelha-se a um deserto de neve e, consequentemente, ao frio, enquanto o azul nos remete à calmaria. Portanto, aquela mistura do branco "gelado" com a "calmaria" do azul que marcava a decoração da minha nova academia não estava dando certo. Pelo menos no meu caso, aquela mistura de cores estava alimentando a minha sensação de tristeza.

O que fazer então? Será que eu teria de mudar as cores da academia que faziam tanto sucesso? As alunas sentiam-se super bem naquele ambiente que, pontilhado pelas malhas coloridas, era uma alegria só. Decidi não mudar, mas arranjar uma forma de "aquecer" o ambiente.

No final do livro, havia uma lista de cores que se completavam. Para o branco e o azul o complemento certo eram as cores alaranjadas. Essas três cores juntas – branco, azul e laranja – são as cores que equilibram as emoções. De imediato, troquei as persianas brancas por painéis em forma de cortina com um fundo branco e grandes listras diagonais nas cores laranja e vermelho. Fiquei superfeliz com o resultado. E, por um longo período, aquele livro me acompanhou, principalmente quando precisava mudar de casa. Uma curiosidade: certo dia, detendo-me com mais atenção, percebi que as cores da capa do livro eram branco, azul e laranja...

Sempre crescendo...

Cinco anos se passaram quando percebi que o número de alunas que já chegava a quinhentos começou a diminuir gradativamente. Não sabia muito bem por quê, mas conversando com a atriz Patrícia Medina, que era minha aluna, surgiu a chave que me abriu uma nova porta. Ela sugeriu que eu fizesse uma viagem ao exterior para pesquisar as novidades no campo da ginástica. E aquela ideia ficou pendurada na minha orelha que nem um brinco.

Recém-chegada de Nova York, Moema Jaffet, uma das mais assíduas alunas da academia e que sempre me acompanhava nas mudanças, chegou falando das maravilhas do método de ginástica da Jane Fonda. Emprestou-me o livro lançado pela Jane, e, em uma semana, eu já dava aulas com exercícios do novo método. Chegava, assim, ao Brasil, a ginástica aeróbica de alto-impacto.

No entanto, eu precisava anunciar a novidade. Liguei para Ziraldo pedindo ajuda, e ele sugeriu que eu ligasse em nome dele para o Zózimo. Liguei e pedi uma nota na coluna dele, na época, no *Jornal do Brasil*, dizendo simplesmente: *Zózimo, estou trazendo para a minha academia o método de Ginástica da Jane Fonda, que está fazendo o maior sucesso nos Estados Unidos.*

Dois dias depois a nota saía, com poucas palavras, apenas uma frase, que foi o suficiente para a academia, no mês seguinte, estar com todos os horários nobres lotados. Empolguei-me com o crescimento rápido e segui o conselho de Patrícia Medina. Fui a São Paulo conversar com o editor da Abril, responsável pelo lançamento do livro no Brasil, e pedi uma carta de apresentação para ser recebida na academia de Jane Fonda. Uma semana depois, já estava de malas prontas rumo a Los Angeles, o que para mim foi uma grande aventura.

Fui sozinha falando um péssimo inglês, sem ter a menor ideia do que iria enfrentar. Já ao chegar, aluguei um carro, hidramático, enorme, e, com o mapa de Los Angeles nas mãos, fui procurar Jane Fonda em Beverly Hills. Essa pequena viagem levou horas para terminar. Entrava e saia das *highways* sem ter a menor ideia de onde eu iria parar. Pergunta daqui, pergunta dali, consegui chegar, quase em estado de choque e, no mesmo dia, comecei as aulas.

Durante um mês, ia e vinha com chuva ou sem chuva, depois de ter participado de pelo menos seis aulas de tipos diferentes. O método de Jane Fonda, na verdade, era a ginástica aeróbica que, rapidamente, com os seus saltitos e coreografias, veio para ficar e, rapidamente, foi aceita.

Ao voltar de Los Angeles, a Editora Abril me convidou para fazer, no Rio de Janeiro, o lançamento da segunda edição do livro *Workout*, de Jane Fonda.

Procurei o Comodoro do Iate Clube, Carlos de Brito, que foi meu professor na escola de Educação Física na UFRJ, e ele cedeu o espaço do clube para o tal lançamento. Preparei dez alunas para uma demonstração, e, muito bem treinadas, demos um belo espetáculo. Tratei pessoalmente dos convites à imprensa. Entregava-os em mãos aos editores dos jornais e o lançamento foi um sucesso. Uma jornalista do *Jornal do Brasil* foi fazer a cobertura do evento e gostou tanto do que viu que, no outro dia, me procurou para dar uma entrevista no Caderno B.

Esperei quase uma semana, ansiosa para ler a notícia, e num domingo, 26 de dezembro de 1981, estava eu na primeira página do JB, corpo inteiro, numa foto linda. Em letras garrafais o título da matéria: CARIOCA TRAZ PARA O BRASIL OS MÉTODOS DE JANE FONDA.

Dois meses depois, eu já tinha alugado as duas salas do andar de cima do prédio da Av. Copacabana e aberto mais três salas de aula. O sucesso chegou muito rápido e durou muitos anos. A mídia cobria cada um dos meus passos. Publiquei de imediato o meu livro de ginástica, *Receita de mulher: o desafio do corpo*, editado pela Nova Fronteira. Fui pioneira na criação da ginástica para a terceira idade. Chamei o método de Ginástica da Vovó. Fui notícia em todas as revistas e jornais, encabeçada por uma grande matéria de seis páginas na *Revista Desfile* da Editora Block, com as vovós lindas, de malhas coloridas e sorridentes.

Fiz uma demonstração no Hipopótamos, o qual lotou tanto que Ricardo Amaral pediu para repetir uma semana depois. Fiz o programa intitulado *Ginástica com Ligia Azevedo* na TVE, durante dois anos, duas vezes por semana, com duração de cinquenta minutos. Também gravei dois vídeos de ginástica aeróbica de alto impacto com grande sucesso, produzido e distribuído pela Manchete Vídeo.

Dois anos depois, voltei a Beverly Hills para me atualizar e encontrei outra novidade: a ginástica aeróbica de baixo impacto que também coloquei em vídeo. A diferença não era grande. Apenas não havia mais saltitos, já que eles estavam causando estragos nas colunas vertebrais, nos tornozelos e nos joelhos.

Agora, os movimentos de pernas e braços eram muito rápidos e os dois pés não saíam ao mesmo tempo do chão. Alunos e professores demoraram a se acostumar com o novo método que, sem dúvida alguma, exigia menos esforço. Não foi fácil fazer a mudança. Entretanto, a ginástica aeróbica de baixo impacto acabou virando moda.

Convidada por Arthur Kelson, inaugurei uma Academia de Ginástica no Itanhangá, na Barra da Tijuca e, nessa mesma época, respondendo a um convite de Humberto Modiano, inaugurei o meu primeiro spa em Búzios, na Ilha das Rocas.

O spa, meu laboratório

Spa é sinônimo de lugar paradisíaco, onde as pessoas se encontram para cuidar da beleza e da saúde mental e física. Foi no spa que fiz o meu laboratório, onde observei não só o comportamento das pessoas gordas, mas de todos os outros tipos físicos e a sua relação com a comida.

Em princípio, montar o spa me pareceu que fosse a oportunidade de juntar diferentes atividades com profissionais de diferentes áreas, ligados à beleza e à saúde. Lembro-me do primeiro grupo que tratei na Ilha das Rocas. Foi uma semana infernal, em que tive de fazer quase todos os papéis. De médico a cozinheira, passei por todos os postos. Num empreendimento novo, por mais que você esteja embasado teoricamente, com tudo organizado, uma equipe treinada, acontece um imprevisto por hora, e há que se ter criatividade e sangue frio para concretizar cada etapa. Era um grupo heterogêneo em idade, porém socialmente todos estavam no mesmo nível.

Na verdade, logo pude verificar que as diferenças não tinham muita importância, porque o comportamento do grupo como um todo foi o que comandou meu direcionamento no caminho do tratamento que lhe foi aplicado. No decorrer de todos esses anos, constatei que os personagens mudavam, mas o enredo era sempre o mesmo. Um grupo de pessoas que, por meio dessa experiência, espera chegar mais perto da felicidade. Os ganchos para encontrá-la são vários. Pode ser a busca da saúde, da beleza, do relaxamento, do isolamento, de novos conhecimentos.

O verdadeiro sentido, no entanto, é tentar ser feliz e descobrir a fórmula para chegar mais perto disso. É procurar uma transformação externa ou interna que nos faça ser bem aceitos por nós mesmos ou pela sociedade, e as transformações ocorrem, efetivamente, às vezes muito mais profundas do que se esperaria ou mesmo do que se gostaria. Após uma transformação, tanto interna quanto externa, é preciso um tempo para nos adaptar a essa nova descoberta.

Se usarmos a palavra descoberta falando de uma pessoa gorda que se despiu daquela capa de gordura, a palavra é perfeita. Em relação a um corpo, ela se adapta muitíssimo bem. Em se falando de descobertas interiores, a explicação já é um pouco mais complicada. Qual a relação entre regime e interior? A minha explicação vem da minha experiência pessoal com meus grupos e confirma a teoria de alguns autores que escrevem sobre obesidade. Talvez nenhum deles tenha tido como eu a experiência de conviver sete dias e seis noites com seus pacientes que querem emagrecer. Se o tivessem feito, teriam aproveitado muito esse laboratório.

No começo do meu trabalho, não entendia muito o que se passava. Os humores podiam mudar da água para o vinho em questão de poucas horas. Tudo que parecia maravilhoso nos primeiros dias podia ser uma grande tragédia no dia seguinte e vice-versa. Com o tempo, fui compreendendo o processo pelo qual as pessoas passam nessa semana de fome, porque mexer com a oralidade dos outros é realmente muito complicado.

O primeiro prazer do homem é oral ao sugar pela primeira vez o leite materno. Ficou, portanto, estabelecido o referencial de prazer nas primeiras horas de vida. Daí para frente, a comida vai tendo importantes e diferentes papéis em nossa trajetória. Se chorávamos sem motivo mais sério, só podia ser sede. Se continuávamos chorando após a mamadeira de água, só podia ser fome. Aí, a mãe dava o peito. E se continuávamos ainda, só podia ser dor de barriga. E então era a hora do chá de erva-doce e, no final, se mesmo assim continuávamos, a chupeta vinha como uma rolha. Por fim, parávamos de chorar pela impossibilidade de fazê-lo com aquela rolha nos atrapalhando. Por que nossos pais nunca tentaram nos fazer calar, por exemplo, com cosquinhas nos pés? Não, a solução estava sempre na boca. E vem daí essa relação neurótica com a comida, como solução para amenizar dores, raivas, frustrações, angústias e anseios.

Dentro dessa linha de explicação para a compulsão oral, comprova-se a existência de forte ligação da oralidade com a sexualidade, o que torna a coisa mais complicada ainda e exige profunda análise. Médicos, analistas e psicólogos estão autorizados a falar disso cientificamente. Eu apenas dou o meu testemunho de fatos que se repetem diante de uma mesma situação. A fome mexe realmente com o interior das pessoas, as arremete a espaços internalizados com as programações familiares de pai e mãe, podendo até haver regressões ao espaço infantil. É muito comum ver adultos baterem pé, fazerem mal-criações quando se lhes nega uma bolacha.

A agressividade sai de dentro de quase todos durante determinado período, livrando-os da carga contida e permitindo que, ao final de sete dias, eles estejam mais leves na consciência e na balança. Eu sempre lhes peço, quando se despedem do spa, que reflitam sobre suas reações durante a semana, e poderão ter respostas para os conflitos passados com os companheiros, pais, filhos, amigos e empregados. Se o regime de simples limitação de qualidade e quantidade de comida mobiliza dessa maneira as pessoas, o que dizer dos regimes elaborados à base de anfetaminas?

Tenho recebido muitos clientes, os quais considero também pacientes, que chegam ao spa com o objetivo de emagrecer e que me relatam um caminho percorrido bastante desastroso. São muitas as vítimas das fórmulas mágicas ditas naturais, homeopáticas ou mesmo as que não são mascaradas. Todos perderam até vinte quilos no regime, depois engordaram tudo e mais um pouco e ainda têm maior dificuldade em perder a gordura que ganharam. Para mim, a explicação parece lógica. As anfetaminas aceleram o metabolismo através de um estímulo na tireoide, para que haja uma queima maior do excesso de gordura. Como qualquer reflexo condicionado, sem o estímulo, a tireoide já não trabalha tanto. Fica mesmo preguiçosa e passa a aproveitar e armazenar ainda mais o excesso, do que se come. Dá para entender? Não é tão difícil!

A voz da experiência

Existem dezenas ou centenas, já perdi a conta, de regimes de emagrecimento, como não comer carboidratos, só comer abacaxi, comer só massas e por aí e vai. Já experimentei todos esses métodos ditos milagrosos. Tinha 21 anos e 62 kg, e após o parto, um ano depois, 75 kg. Desesperada, morando em Ipanema, casada com um belo jovem cobiçado por todas as garotas do bairro, procurei o endocrinologista do bairro que me passou um regime, equilibrado até, mas acompanhado de anfetamina. Entrei nessa sem saber nem do que se tratava. A partir daí, foi um longo caminho, passando por vários "medalhões" e experimentando quase todos os tipos de drogas para emagrecer.

Emagreci e descobri que, sob o efeito dos moderadores de apetite, eu alcançava melhor performance nos campeonatos de ginástica. Após dez anos, quando abracei a profissão de professora de ginástica, ainda mantinha o peso à base de anfetaminas e tinha uma resistência admirável, dando umas dez aulas de ginástica por dia, treinando à noite para as competições e competindo nos fins de semana. Não sei se eu tivesse sido submetida a um daqueles testes que se faz em Olimpíadas se não teria sido barrada no baile. Enfim, já passou. Consegui me livrar delas. Mas deixaram marcas. Tenho certeza.

Minha memória e também minha visão entraram num processo de desgaste muito precocemente, e hoje, anos depois, me deixam com frequência em má situação. Aos 40 anos, fui ao oftalmologista, e ele observou que minha vista era tão cansada quanto a de uma pessoa de 60, e isso aconteceu no intervalo de um ano. Acho minha pele muito ressecada comparando com a aparência que tinha aos 30 anos. Meu metabolismo ficou preguiçoso. Tenho, desde o meu primeiro regime até hoje, uma grande tendência a engordar. Para ficar magra, só fechando a boca rigorosamente. Sempre engordo de 1 a 2 kg no fim de semana em que me gratifico comendo salgados, doces e um vinhozinho discreto.

Até os 40 anos, eu gastava esse excesso fazendo ginástica o dia todo. Ainda outro dia, um amigo de muitos anos confessou-me que sentia uma raiva muito grande quando, no final das tardes, saíamos da praia e íamos ao Alvaro's (década de 1970). Todos comiam cozido e bebiam chope e eu pedia um filé grelhado com alface e tomava suco de laranja. Ele não percebia que eu comia sozinha todo o *couvert* e dizia: "amanhã, tenho de dobrar a carga de exercícios." Ele, na casa dos 100 kg, entrava em depressão porque sequer caminhava na praia. Caminhada na praia não era moda naqueles anos. Acho até que não havia calçadão. Não me lembro bem. Olha a memória falhando!

Eu era, nessa época, é verdade, muito neurótica. Fiz nove anos de análise, dos quais a metade de tratamento individual. Acho que cansei meu analista de tanto querer descobrir a causa de minha gula. Era raiva de mãe, paixão pelo pai, marcas de pobreza, autodestruição e todas as demais explicações freudianas para entender e parar de comer.

Entendia, concordava, racionalizava e continuava comendo. Aliás, esqueci de mencionar o regime mais fácil que descobri nessa época. Botar o dedo na garganta e devolver tudo. Um dia, o organismo recusou-se a aceitar a agressão. Eu fiz tanta força em vão que no dia seguinte parecia um urso panda, com duas rodas pretas em volta dos olhos. Não sei como os olhos não pularam fora nesse dia. Aí, me toquei desse absurdo e mudei de regime. Só anos depois fui saber que eu sofria de bulimia. Na época, esse ato, tido como vergonhoso, não tinha nome.

Tem jeito!

Viver de regime é a maior infelicidade pela qual pode passar uma pessoa. Você se sente culpada pelo menos três vezes ao dia. Porque não tem um dia que você não saia do regime, mesmo que só um pouquinho. Nunca se pode curtir totalmente um programa, porque ele inevitavelmente acaba na mesa.

É terrível sair do cinema e inventar uma dor de cabeça para não acompanhar o grupo que vai comer pizza no fim da noite. Iso porque, ao contarmos as calorias ingeridas durante o dia, já totalizam 1.200. Se a gente marca com antecedência o programa, até dá para manipular a rotina e não almoçar ou jantar para poder cear. Mas se o programa for de última hora, complica. O gordo, real ou de cabeça, vive em função do regime. É uma prisão horrível a que nos submetemos anos a fio. Às vezes, eu fantasiava que, no dia em que eu cansasse de fazer regime e relaxasse, ia explodir que nem dona Redonda.

Eu mudei. Revi os meus métodos emagrecedores, revi meus padrões de beleza e exigência, revi os meus desejos e hoje sou magra. Não explodi, e isso se deu sem que eu percebesse. Estou inteirinha e sabendo que posso ajudar as pessoas que estão passando pelo que eu passei. Em princípio, lhes digo, tem jeito, não é fácil, mas é possível. O meu processo pessoal para achar o equilíbrio do corpo foi longo. Hoje, olho para trinta anos atrás e vejo que, se meu analista não me deu a resposta exata para os meus 4 quilos a mais, me deu a base de uma transformação interior que naturalmente me fez emagrecer. Imaginem o nível de neurose de uma pessoa que se julga obesa porque está com 4 quilos a mais que seu peso ideal. Maluquice, essa de querer colocar nos "pobres" 4 quilos a culpa da insatisfação com a vida! Hoje eu sei que é importante fazer dieta sim, mas sem neurose. O fundamental é conseguir que o corpo entre em sintonia com a mente e o coração, equilibrando o metabolismo, para então obter o resultado desejado. É por isso que hoje no meu spa eu procuro oferecer oportunidades para que as pessoas cuidem do corpo, da mente e do coração.

Assalto à geladeira

O tratamento dentro de um spa é bastante completo. Vai desde tratamentos de beleza à assistência médica. Um programa de ginástica consegue motivar os grupos, porque é nestse momento que todos estão juntos. As caminhadas no começo do dia já fazem com que, às 9h da manhã, todos estejam se sentindo revitalizados e energeticamente enriquecidos. Muito oxigênio, contato com a natureza e a sensação de dever cumprido. As aulas de ginástica, bem equilibradas, respeitando os limites de um grupo que ingere a metade das calorias de que necessita, se transformam em atividades de lazer. Cem por cento do grupo sai estimulado a continuar a fazer exercícios quando deixa o spa.

A alimentação balanceada usada nos meus spas segue as receitas do meu livro *Caloria limitada: receitas de spa*. Come-se de tudo um pouco. Emagrecer é o que se come *versus* o que se gasta, é qualidade *versus* quantidade. E já que tempero não engorda, não tem porquê ter à mesa comida insossa e repetitiva. As massagens corporais são de grande importância para o relaxamento e ajudam na melhor distribuição das gorduras no corpo. O toque corporal também aparece como importante arma para aliviar as tensões emocionais. Uma massagem na cabeça ou no rosto pode substituir um afago, e todos esses tratamentos juntos gratificam a quem os recebe, porque efetivamente as pessoas se sentem cuidadas. A grande maioria que frequenta o spa não tem esses tratamentos como parte de suas rotinas diárias.

Tenho certeza de que, na volta para casa, depois de uma semana tão especial, as pessoas não poderão mais viver sem esses cuidados. A disciplina iniciada no spa pode dar um novo estímulo em suas vidas. Não entendam por disciplina, nesse caso, ordem unida ou campo de concentração, como pensam algumas pessoas. Apesar de nossa proposta ser muito séria, no spa também acontecem coisas muito engraçadas.

Uma vez, com muita fome, um grupo de poderosos executivos acometido de uma crise de criancice esperou "mamãe Lígia" se recolher e assaltou a dispensa do spa. Foi uma festa! Sumiram sacos de biscoitos, melões e até um frango cru do freezer, para ser assado na sauna. Os ladrõezinhos formavam um bando de dez.

A farra deve ter sido das boas, pois, no dia seguinte, a balança Filizola gritou. Engordaram uns, estacionaram outros e eu, completamente inocente, em pânico, fui rever o cardápio da véspera me perguntando onde errara. Não precisei me preocupar por muito tempo. Tal e qual eu e meus irmãos fazíamos na infância, no dia seguinte da travessura um dos marmanjos passou o dia desconfiado, a me rodear. E, enchendo-se de coragem, dedurou o furto. E mais: pediu para ser castigado. Queria que eu o mandasse fazer qualquer coisa para perder os 700g adquiridos após o vandalismo noturno.

Com muito jeito, consegui o nome de todos e promovi uma reunião. Papel e bloco na mão, de um em um eu ia anotando tudo o que tinham comido, somando as calorias e dando penitência. Verdadeiro terrorismo. Jamais irei esquecer a cara dos "poderosos" me pedindo perdão e ainda brigando entre si, dedurando que o outro não estava contando toda a verdade.

Esse episódio me ensinou uma coisa: da negação vem o desejo. Hoje, no meu spa, dou liberdade quando o assunto se refere ao número de calorias que serão consumidas.

Caloria limitada: receitas de spa

Mais uma vez, fui pioneira quando comecei a distribuir alimentos congelados diet no Rio de Janeiro. Uma atividade criada principalmente para atender os apelos dos spasianos que saiam dos spas com medo de continuarem a comer sem controle. Afinal, uma semana de programa era tempo suficiente para perderem alguns quilos, mas não para saírem prontos e especialistas em cardápios lights.

Entretanto, quando tive a ideia de oferecer dieta congelada, não imaginava que poderia um dia ser esse o meu maior negócio. De imediato, dei ocupação para a cozinheira do spa por mais duas semanas a cada mês. Começamos, eu e ela, fazendo as "quentinhas" em casa. Um freezer, uma geladeira e o fogão eu já tinha. Minha cozinha era grande o suficiente para que eu pudesse coordenar essa atividade sem ter de mudar a rotina da minha casa.

Saíamos muito cedo para as academias de ginástica – eu e o meu anjo louro, (o terceiro marido) – e só voltávamos à noite. Seis meses depois, a casa inteira transformara-se em uma fábrica. Os freezeres foram colocados no quarto de hóspedes, o fogão semi-industrial passou a ocupar quase toda a cozinha e na área de serviço precisei colocar mais uma grande geladeira. Legumes e verduras chegavam fresquinhos todos os dias e ficavam na sala de estar, esperando a hora de serem tratados, até entrarem fumegando nas quentinhas, tarefa realizada na sala de jantar. Era nesse espaço nobre da casa que se aguardava o resfriamento dessas quentinhas, para só então fechá-las e levá-las para serem armazenadas no freezer.

Nessa altura, já tínhamos contratado mais dois ajudantes para a cozinheira e um entregador para levar o pacote aos clientes. E nessa quase brincadeira descobrimos – eu e, é claro, o meu anjo, sócio e marido – o que poderia ter sido o nosso mais sólido negócio e, portanto, resolvemos expandi-lo.

Alugamos uma casa de três andares na Tijuca e, de quebra, já que não precisávamos de tanto espaço, montamos em um dos andares a terceira academia de ginástica. Deu tudo certinho, uma atividade não interferia na outra. E, dois anos depois, a fábrica estava pequena para a produção que crescia a cada dia, e o espaço da academia também já estava pequeno para suportar a demanda.

Procurei muito um bom espaço para montar a academia, mas não encontrei um adequado. Resolvi então mudar a fábrica de lugar. Alugamos um galpão em Bonsucesso e lá construímos uma fábrica de verdade, modelo na época, e passamos a ter uma indústria. O congelamento passou a ser feito por processo de nitrogênio. As câmaras de congelamento tomaram o lugar dos freezers. O investimento foi muito alto e por conta disso abri mão da academia de ginástica da Tijuca.

A fábrica durou quatro anos, até que o Plano Collor, em um ano, acabou com ela. Pagava-se ágio na compra dos insumos, e não podíamos aumentar os preços das quentinhas. Durou mais um ano, até a crise não nos deixar mais respirar. Junto à quase falência, veio a crise no casamento com o marido sócio, que não era mais anjo como no começo. Separamo-nos, fiquei com a fábrica, que vendi pouco tempo depois, e não preciso dizer que com grande prejuízo.

Nesse tempo, com uma grande dor de cotovelo e com grandes problemas administrativos para resolver, fui chorar minhas mágoas com a minha amiga Márcia Mello e Silva, ex-Py, sobrenome do seu ex-marido e também analista. Foi ela que então me deu a grande ideia: transformar as receitas preparadas na minha fábrica em um livro. Não titubeei. Comecei no dia seguinte e poucos meses depois lançava o *Caloria limitada: receitas de spa*. Um grande sucesso, vende até hoje, e os meus clientes do spa saem com ele embaixo do braço, seguros e prontos para percorrerem o caminho certo para melhor manterem sua qualidade de vida.

Vivendo e aprendendo

Nesse percurso tão curioso, aprendi coisas importantes sobre alimentação vegetariana que podem ajudar muito no processo de emagrecimento. As fibras, os farelos, os vegetais crus são importantes aliados no combate aos quilos extras. Esses alimentos, por serem duros, exigem um trabalho maior do aparelho digestivo, e, com isso, uma queima maior de calorias para produzir a energia necessária para a digestão. Existe uma diferença grande entre chupar uma laranja e comer uma laranja. Se você come a laranja, todo aquele bagaço que envolve os gomos passa pelo aparelho digestivo, dando-lhe trabalho para digerir. O suco, entretanto, é digerido sem nenhum esforço e, portanto, só acrescenta calorias ao organismo. O repolho e a couve-flor crus emagrecem mais do que cozidos. As verduras cruas, mantendo as fibras mais resistentes, também entram nessa lista.

Além do valor do gasto de energia enquanto digeridas, as verduras ricas em fibras agem como uma raspadora das paredes do intestino, retirando todas as impurezas que ficam ali grudadas, resíduos naturais de transformação dos alimentos. Como o aproveitamento do alimento ocorre no nível das paredes intestinais, conclui-se que tanto melhor será esse aproveitamento quanto mais limpas estiverem as paredes. Imagine um filtro cuja vela tem a função de reter as impurezas da água. De tanto em tanto tempo, temos de limpá-lo para que o processo de filtragem se faça rápida e eficientemente. Quando o filtro é limpo, o processo é quase imediato e a água sai mais facilmente.

A função das fibras é ir limpando automaticamente o revestimento das paredes intestinais. Recomendo o farelo de trigo para essa função. Também muito eficiente para a recuperação da flora intestinal é o iogurte. Uma combinação perfeita é a ingestão dos dois juntos, fibras e iogurte.

Costumo dizer que a saúde do intestino é a fonte da juventude. Gosto muito dos resultados da ingestão do mel de abelha, mesmo nos regimes de emagrecimento. O mel é um nutriente completo, uma fonte de energia. É um paradoxo, mas também é usado como calmante. Combatendo a hipoglicemia, combate a insônia. E, ingerido antes de qualquer atividade física, é um incrível gerador de força física.

Costumo ainda indicar para os meus clientes a gelatina de peixe como fortalecedora dos cabelos, unhas, pele e, sobretudo, pelo poder curativo que tem nas deficiências articulares. A gelatina fortalece as partes moles das articulações, preservando a lubrificação e evitando sintomas reumáticos. Própolis, como preventivo de infecções, é um ótimo parceiro da gelatina. Tem efeito antibiótico, desinflamando também as articulações já afetadas.

Como fonte geradora de energia, gosto muito também da pfáfia, produto extraído da flora brasileira que atua como estimulante porque regenera a célula sanguínea, possibilitando melhor oxigenação e melhor qualidade do sangue.

A clorela, vindo das algas marinhas, atua como um possante defensor da imunidade, sendo também um excelente regenerador do aparelho intestinal.

Já é sabido, mas é sempre bom lembrar, que a hidratação da pele depende principalmente da água que ingerimos. O ideal é beber cerca de dois litros por dia.

E a vida continua...

Ao concluir estas poucas páginas, percebo que minha vida foi tecida com muitas aventuras. Percebo também que, a partir de um dado momento, vida pessoal e trabalho se entrelaçam em permanente aprendizado e realização.

Na medida em que fui resgatando memórias, fui revivendo o passado e pude compreender melhor como cheguei até aqui. Ao mesmo tempo, dei sentido ao meu presente e, mesmo sabendo que a vida é finita, reconheço que o segredo para acreditar que ainda tenho futuro é continuar fazendo projetos, é seguir fazendo planos... E, por isso mesmo, me recuso a colocar um ponto final nesta história.

Depois dos 60 anos, passei a renascer a cada dia. É como se quisesse realizar tudo que deixei escapar até então. Deixei escapar muitas ideias, projetos, amigos e parentes queridos. O que hoje mais me dói foi ter passado correndo pela infância da minha filha. Típico dos anos 1960, quando casávamos aos 21 anos e queríamos aproveitar a juventude. A facilidade das babás e das avós jovens nos dava liberdade para curtir a praia, que emendávamos com o almoço e, às vezes, esticando até a noite. Pouco me lembro do crescimento dela no dia a dia. Não pude curtir a sua adolescência, mas estou curtindo a sua maturidade.

Estou empenhada agora em rever meus amigos. Resgatei, por esses dias, minha prima Loyse Helena, que, quando vim do Acre para o Rio, com apenas um mês, já nos encontrávamos passeando na pracinha. Fizemos o Jardim de Infância no Sacré-Coeur de Marie e quando retornei ao Rio, com 8 anos, fomos inseparáveis até os 11. Não curtimos a adolescência juntas e nos reencontramos só agora na terceira idade.

E de resgate em resgate, muita história ainda vou contar. Tenho certeza de que o melhor de toda a minha história está acontecendo e vai acontecer por muito tempo: acompanhar, curtir mesmo o crescimento da Andréa daqui para frente, hoje, uma grande mulher e mãe com 45 anos.

Estar bem perto dos filhos dela, meus netos amados, Mariana com 7 anos e Tiago com apenas 1 aninho, é a minha prioridade quando se trata de prazer e lazer. Que bom que a perspectiva da longevidade do ser humano, nesse momento, é de chegar aos 90 anos. Por isso, continuo me tratando, incentivada por mais esses maravilhosos anos que vêm por aí...

PARTE II | RECEITAS

1 | APRESENTAÇÃO

Em março de 1995, lancei a primeira edição de *Caloria limitada* sem nenhuma pretensão de que este livro virasse um best-seller. E tinha razão. De fato, não virou, mas mudou a vida de muita gente. Os seis mil exemplares estavam esgotados e eu continuava recebendo solicitações do Brasil todo. Os meus clientes são os meus maiores e melhores divulgadores. Chegam em casa felizes depois de alguns dias cuidando da saúde, da beleza e principalmente da cabeça, e responsabilizam a dieta do *spa* com receitas que não parecem de regime, e é isso que todos querem, emagrecer sem sacrifício. E a partir de então *Caloria limitada* é o livro mais consultado na biblioteca caseira. São essas receitas que trago para esta nova edição.

Alguns me dizem que o colocam na mesa de cabeceira. Acredito meio desacreditando mas, com certeza, por algum tempo ele fica o mais perto possível, fazendo o papel de consciência.

O que tenho testemunhado com frequência, visitando amigos, é que nas suas cozinhas é certo encontrá-lo. Sou a musa inspiradora das cozinheiras que me recebem sempre com muita intimidade, o que se justifica, pois afinal elas me manuseiam quase todos os dias. Antes de discutir alguns detalhes das receitas elas sempre elogiam o meu novo cabelo ou dizem preferir o cabelo crespinho da foto da capa da primeira edição. Acham que eu sou mais bonita pessoalmente e passam a acreditar mais ainda nas receitas quando afirmo que me mantenho sempre no peso ideal porque 80% do que como são as receitas dos cardápios.

Nunca pude imaginar que ao entrar no mundo da gastronomia a minha relação com as pessoas fosse tomar um rumo tão diferente. Antes, quando eu só era professora de ginástica, e isso é compreensível, todos se aproximavam de mim para pedir conselhos sobre o melhor exercício para isso ou para aquilo: "Estou fora de forma", "tenho preguiça", "não tenho tempo", "será que em um mês eu fico igual a você?", e ia por aí, sem aprofundar muito o papo. Com a comida é diferente. Não é só a vaidade que conta. Mexe-se, na verdade, com as culpas e os medos, motivos principais que levam o ser humano à compulsão oral. Um livro de receitas que emagrecem pode ser a solução para sair daquela tristeza sutil que não nos abandona quando nos olhamos no espelho e não gostamos do que vemos. Hoje eu represento diferentes papéis para as pessoas. Sou a esperança, sou a cobrança, sou a carrasca, sou a salvadora. Depende do resultado que obtiveram em relação ao meu livro.

Todos os meus amigos antes de qualquer coisa meio que se confessam comigo. Se justificam por que engordaram. Elejo o estresse o maior culpado pelo desequilíbrio da balança, depois vêm os problemas familiares — o maior motivo das mulheres — e os problemas nos negócios — o dos homens. No final tudo é estresse mesmo.

Motivos objetivos como as doenças, por exemplo, não pesam tanto. Se fizermos um levantamento estatístico, os problemas endocrinológicos serão com certeza os últimos da lista.

Há treze anos lido com pessoas que despertaram para a vida e resolveram se cuidar. E neste processo a autoestima é fundamental. O primeiro caminho a se explorar é através do corpo, porque efetivamente é o espelho da alma. É tão válido quanto qualquer outro processo psicanalítico para se começar na busca do autoconhecimento. Afinal, a comida é a válvula de escape que usamos para amenizar tristezas, perdas e frustrações. É o nosso corpo que mais sofre quando perdemos nossas referências e nos compensamos na gastronomia. Portanto, iniciar pelo corpo vai mudar a estrutura externa e inevitavelmente será uma mudança integral. Um processo que nos mostra a possibilidade de mudar é uma luz no final do túnel e a prova de que já não se está mais cego. Olha-se para dentro e lá está também uma luzinha junto com a esperança de ser feliz.

As dicas que estou inserindo são um milionésimo das informações sobre nutrição que deveríamos ter aprendido na infância e que nos teriam feito pessoas mais saudáveis hoje. Ainda assim são importantes, sobretudo se cada adulto acordar para a importância de passá-las para um ou dois jovens. Uma juventude saudável é fundamental na construção de um mundo melhor.

Cuidar da alimentação é o primeiro passo para a harmonia do corpo e da mente, e comer tem que ser fonte de prazer e não de culpa.

2 | DICAS

Tenha atenção e paciência para observar algumas recomendações que serão feitas a seguir.

A escolha dos ingredientes

Talvez seja a parte mais importante do processo, pois da qualidade dos ingredientes, bem como da adequação de cada um para cada fim, depende o sucesso do prato. Qualquer que seja a carne — vermelha ou branca — o desengordurar das mesmas é o primeiro passo na cozinha de baixa caloria.

Nesta recomendação, incluem-se os caldos de galinha e de carne que, depois de prontos, devem ser resfriados na geladeira e desengordurados, ou seja, coados em pano fino. Só então podem ser apurados, isto é, fervidos na panela destampada para que sejam reduzidos à quantidade a ser usada.

Não só é importante o tipo de carne para cada iguaria, como também o seu corte para cada finalidade. É preciso observar o sentido da fibra ao cortar bifes e escalopinhos, para não atravessá-la.

O patinho aberto para ser recheado requer um certo jeito para cortar a peça, o que deve ser feito com talhos rasos e repetidos. A carne deve ser esticada com cuidado para que se mantenha inteira e com o aspecto de um pano fino.

As carnes de ave só podem ser usadas limpas, sem as peles e sem as gorduras. A disponibilidade de cortes selecionados — peito, coxas, filés e até o *sassami*, que nada mais é que o filezinho acoplado ao filé de frango — facilita este trabalho.

Peixes, crustáceos e moluscos só estão frescos quando suas carnes estão rijas e firmes. Para maior segurança, é bom ter um fornecedor confiável porque é difícil reconhecer a qualidade e as condições do pescado quando não se tem muita prática.

As hortaliças, sejam verduras, frutos, tubérculos ou raízes, devem ser frescas e sem agrotóxicos. O ideal é dar prioridade às da estação, quando são mais abundantes e, além do preço mais baixo, têm melhor sabor, porque são colhidas no momento propício em vez de arrancadas antes do tempo para atender à demanda do mercado.

Pré-preparo

Nesta fase, às vezes, se decide a qualidade final do prato. É aí que se faz a triagem do indesejável — limpa-se o alimento, retirando gorduras, peles, espinhas e ossos das carnes, bem como folhas murchas e partes danificadas das hortaliças.

Além da limpeza e do corte dos insumos, é aí que se faz uso dos temperos e outros recursos.

Há ingredientes que devem ser simplesmente temperados e usados em seguida. Há outros que precisam de até 24 horas para alcançar o paladar desejado. As receitas sempre indicam o tempo apropriado de condimentação. O uso de ervas aromáticas e especiarias — manjericão, orégano, alecrim, estragão, louro, cravo-da-índia e outras — pode enriquecer muito o paladar dos pratos, mas deve ser feito com muito cuidado para não ferir o princípio da boa cozinha: nenhum condimento pode anular o gosto da iguaria principal.

Ainda contribuem para a diversificação dos pratos:

- lardear: entremear o assado com tiras de cenoura ou presunto;
- rechear: na forma tradicional;
- empanar: envolver pedaços de ave em qualquer cobertura; por exemplo, frango empanado com catupiri;
- escaldar: jogar água fervente sobre os alimentos;
- abrandar: afinar molhos e amaciar os purês acrescentando água ou leite;
- drenar verduras e legumes: escorrer, retirando a água do cozimento.

A forma de cortar legumes e verduras também influencia o paladar. Há vários tipos de corte, por exemplo:

- em rodelas ou cubinhos;
- à juliana: corte dos legumes no sentido longitudinal, em tiras finas e iguais (2mm x 4cm);
- à mineira: folhas de couve enroladas (com os talos só quando estão bem tenros) e cortadas em fatias bem finas;
- ao largo: folhas de verdura enroladas como à mineira e cortadas em fatias mais largas;
- em navete: cortar em diagonal;
- meia esfera: bolinhas cortadas ao meio.

Também altera a consistência dos pratos a forma de bater os ovos — em neve, para suflês e doces, ou com a faca, para desmanchar as claras e as gemas sem fazer espuma.

- Roupa-velha — desfiar as sobras de carne assada cortadas no sentido das suas fibras;
- Sangue de galinha — encontra-se nas casas de aves ou ainda em saquinhos congelados;
- Leite de coco desengordurado — já existe industrializado.

Escolha de utensílios

É sumamente importante o tipo e o tamanho de panelas, formas e recipientes em proporção ao que se vai preparar.

Os ingredientes comprimidos correm o risco de perder o frescor e até de queimar. No caso contrário, também há risco, pois a evaporação é acelerada, o que concorre para ressecar e queimar o conteúdo da panela.

Formas de cocção

As formas básicas nesta cozinha são o cozido e o assado. A maneira de executá-las é que vai produzir a variedade de apresentações e paladares.

- Cozido: em líquido frio (feijão, lentilha, grão-de-bico); em líquido quente (verduras, legumes, arroz); líquido em ebulição (ovos quentes, pochés, massas).

O cozimento no vapor (em panelas tampadas) deve ser lento e regular; empregado na primeira fase do preparo de carnes picadas, ragus e até em algumas hortaliças.

▸ Assado: diretamente no forno (bolos, suflês, carnes); em papelotes — com cada pedaço envolto em papel vegetal untado ou tudo coberto com papel-alumínio; em banho-maria — dentro de outro recipiente com água. Em qualquer caso, o forno deve ser preaquecido.

Sauté é uma forma de acabamento em que se acrescenta ao prato manteiga ou margarina e salsa picada (ou um molho apropriado) na panela aberta, que se sacode rapidamente sem ajuda de colher.

Fritura: pela imersão de alimentos na gordura em ebulição não é permitida, embora já se encontrem no mercado produtos com muito pouco teor de gorduras saturadas. Recomenda-se o uso da frigideira antiaderente, grills e outros recursos modernos.

Al dente: ponto de cozimento no qual os legumes ou massas ficam macios, mas não se desmancham.

O refogado nesta cozinha difere do refogado da cozinha tradicional no que se refere à gordura; suas quantidades são tão pequenas que, com ou sem gordura, o processo é o mesmo. Colocar os ingredientes no fogo brando com a panela tampada, sacudindo-a ou mexendo com colher de pau de vez em quando, até atingir o ponto desejado. Para o molho de tomate, por exemplo, é só refogar os temperos, acrescentar água, deixar ferver e passar tudo por peneira fina.

As medidas usadas nas nossas receitas são sempre caseiras:

copo — sempre de 200ml

copo pequeno — 150ml

xícara — sempre de chá. Quando for de café, será especificado

copo de iogurte — embalagem industrializada

colher rasa — é a colher cheia, nivelada com a faca passada por cima das bordas para retirar o excesso.

Molho bechamel: é o molho branco feito com farinha de trigo ligeiramente torrada, em vez de maisena.

Mastigação

Uma das causas bastante comuns do excesso de peso está na forma errada de mastigar os alimentos.

Quem tem preguiça de mastigar, escolher uma alimentação pastosa, que é sempre rica em carboidrato, considerado o maior inimigo do gordo.

Comer verduras é a melhor formula para emagrecer com saúde, mas, para quem não tem uma oclusão dental equilibrada, comer folhas e fibras é muito desconfortável.

Mastigar de 25 a 30 cada porção acaba cansando terrivelmente os músculos da face.

Só para você ter uma ideia de como este problema é antigo, ele já vem de séculos.

O patê foi inventado na França porque os Luís XIV, XV e XVI não tinham bons dentes. Assim sendo, os *gourmets* foram obrigados a apresentar os pratos de carne em forma de pastas.

Não custa nada perguntar ao seu dentista, na próxima consulta, se a sua mastigação está correta.

Comer pouco

Comer pouco é sem dúvida um método que não falha para quem quer emagrecer. Porém é bom lembrar que na contagem das calorias somam-se as que se ingere e diminuem-se as que se gasta. Para diminuir existem algumas regrinhas práticas:

Nunca repita, nunca complete o prato com um pouquinho mais de arroz para a carne que sobrou. Coma em prato de sobremesa, usando garfos de sobremesa e mastigue sempre de 25 a 30 vezes cada garfada.

Como diminuir algumas calorias? A seguir vão as sugestões:

Andar 6km em uma hora — menos 385 calorias; pedalar 9km em uma hora — menos 310 calorias; correr vinte minutos — menos 290 calorias; dança de salão durante meia hora — menos 130 calorias; jogar golfe durante duas horas — menos 244 calorias. Até subir escadas ajuda a emagrecer. São 18 calorias a menos em um minuto de subida e sete a menos em um minuto de descida.

Se você mora até o terceiro andar, o melhor é esquecer o elevador e conservar para sempre a boa forma.

Orgia gastronômica

Que fazer no dia seguinte ao da orgia gastronômica? Geralmente, o fim de semana é o responsável pelos 2kg que se engorda tão de repente.

Mas isso tem jeito. Basta um pouquinho de força de vontade e muita disciplina.

Toda segunda-feira é dia de dieta vegetariana. Siga esta rotina. Muito chá e pelo menos dois litros de água durante o dia. Faça uma sopa verde com pouco sal e sem gordura, com todas as verduras das quais você gosta.

Coma bastante salada de folhas no almoço e no jantar, e nos intervalos beba mais água, mais chá e pedaços de verduras cruas, como aipo, pepino e pimentão. Neste dia, só o verde entra na dieta; amarelos e vermelhos, nem pensar. Nada de fruta ou proteína.

Apenas 24 horas desta dieta, e você verá que o jeans voltará a fechar facilmente.

Açaí

O açaí, fruta típica do Pará e do Amazonas, está na moda nas praias do Rio de Janeiro e até nas academias de ginástica.

Trata-se de uma frutinha roxa, do tamanho de uma bola de gude, que não pode faltar à mesa do nortista no café da manhã, na sobremesa e no lanche da tarde.

Hoje, só nas lanchonetes e quiosques na orla marítima, vendem-se 120 toneladas por mês.

A vantagem do açaí é que a fruta parece ter saído do laboratório dos nutricionistas sob encomenda para a geração saúde. Tem alto teor calórico, é rica em ferro, fósforo, cálcio, potássio, vitaminas B1 e B2 e fibras naturais.

O açaí já é vendido sob a forma de polpa congelada, e com isso se faz um mingau no qual se mistura tapioca, granola ou banana. Ainda pode ser servido como pirão acompanhando peixe frito. No Pará é usado até nas mamadeiras dos recém-nascidos.

Agora, atenção! Açaí engorda muito! Se você não faz exercícios, é bom comê-lo apenas uma vez por semana.

Folhas ricas em minerais

As folhas são ricas em minerais, fibras e vitaminas, importantes para a saúde do corpo humano. Têm baixo teor de carboidratos, poucas calorias, e por isso não engordam.

Veja só como as verduras são ricas:

- Couve: tem ferro e cisteína — combate o colesterol — 16 calorias por folha.
- Brócolis: tem vitamina B5, cálcio e vitamina C — combate o estresse, aumenta a imunidade — 14 calorias por galho.
- Agrião: rico em minerais antioxidantes — selênio, zinco, cobre e manganês — combate o envelhecimento — 25 calorias por galho.
- Espinafre: muita vitamina B1 e muito ferro — principalmente favorece o crescimento, entre outras propriedades — 6 calorias por galho.
- Alface: ácido fólico e colina — calmante, renova o oxigênio do sangue, protege o fígado porque facilita a digestão das gorduras — 6 calorias por folha.

Mas não se esqueça, as folhas devem ficar de molho numa solução de água com vinagre por pelo menos 20 minutos antes de serem ingeridas!

Para ter saúde, o lema é: Quanto mais verde, melhor!

Fique conosco.

Café

Depois de tanto tempo no banco dos réus, o café começa a ser inocentado no tribunal da pesquisa médica.

Os estudiosos da Universidade de Harvard concluíram que, em razão de a cafeína dilatar os brônquios, os asmáticos viciados em café apresentam sintomas e crises um terço mais brandos do que os que bebem café regularmente.

A cafeína também favorece o emagrecimento, por seu efeito termogênico, que estimula a lipólise.

Descobriram ainda que, ao contrário do que se pensava, o café não é cancerígeno e suas fibras solúveis podem mesmo exercer papel de proteção contra o câncer de cólon.

Estudos americanos recentes mostraram que o café administrado em pós-operatório a pacientes habituados à cafeína alivia as dores em questão de minutos.

Mas é bom lembrar que os efeitos negativos do café continuam existindo, como por exemplo: perda óssea, aumento da ansiedade, da pressão sanguínea, e aceleração respiratória.

Como se sabe, o café é responsável, em boa parte, pela insônia. Por isso, à noite é melhor ingerir um chazinho de camomila para garantir bons sonhos.

Ameixa

O alimento transforma-se em sangue quando chega ao aparelho digestivo. Todos os elementos são filtrados e absorvidos através das paredes do intestino.

É importante, portanto, mantermos estas paredes, que agem como filtro, em perfeito equilíbrio, limpas e saudáveis.

Por isto, deve-se comer fibras, verduras cruas, farelo de trigo, beber muita água, até dois litros por dia.

O iogurte, devido aos lactobacilos, regenera a flora intestinal; por isto é importante incluí-lo na dieta.

Procure livrar-se do estresse, faça exercícios físicos, diminua a quantidade de carne vermelha e use arroz integral.

Deixe duas ameixas-pretas imersas em um copo com água durante a noite. Beba-a pela manhã.

Mastigue bem os alimentos e tome um bom café da manhã.

Ah! Se você se encontra no peso ideal, pode comer também as ameixas.

Vamos colocar as frutas na balança

Fruta pode? Essa falsa verdade pode detonar um regime de emagrecimento. É claro que toda essa família engorda pouco se comparada a doces e gorduras. Mas doses exageradas pesam na balança.

As gordas: a banana, com 105 calorias, é campeã, seguida de perto pela cereja (104 calorias em uma xícara com ameixa picada). Vá com calma também no consumo de maçãs — uma única fruta tem 80 calorias. O perigo da laranja (60 calorias) está no suco. Faça as contas: para fazer um copo é preciso espremer três frutas, o que significa 180 calorias consumidas em poucos goles. Se o suco vier acompanhado por uma mamão papaia (120 calorias), num café da manhã, por exemplo, o menu do resto do dia terá de ficar bem magro.

As magras: bem-vindos à ameixa (36 calorias cada) e ao pêssego (37 calorias). Uma xícara de melão em pedaços equivale a ficar nas 45 calorias, tudo bem. Um kiwi (46 calorias) e uma xícara de melancia picada (50 calorias).

Deu para sentir a diferença entre as gordas e as magras. Sem dúvida alguma, daqui para a frente vamos preferir as magrinhas.

O corpo humano é uma verdadeira jazida de minerais

Dos 92 elementos químicos naturais conhecidos, mais de 50 são encontrados no organismo. Cerca de 4% do peso corporal constituem-se de minerais. Estes, entretanto, não são sintetizados pelo organismo. Eles precisam estar presentes na dieta diária para garantir uma boa saúde.

Aí vai uma lista dos minerais importantes e onde encontrá-los:

Cálcio: queijo, laranja, vegetais e legumes.

Cobre: fígado de boi, ostras, lagosta, castanha-do-pará.

Cromo: levedo de cerveja, pimenta-negra, fígado, carne e cereais.

Fósforo: peixe, galinha, carne, cereais integrais, ovo, nozes, sementes.

Flúor: frutos do mar, chá, vinho.

Selênio: carne bovina, peixes e cereais.

Iodo: algas, frutos do mar, peixes.

Molibdênio e Magnésio: verduras, legumes, cereais integrais.

Potássio, Sódio e Manganês: feijão, aipo, cenoura, banana, ervilhas, ovos e frutas.

Cuidado, entretanto, com o ouro, chumbo, mercúrio e alumínio. Intoxicação destes minerais pode até matar.

Começar a dieta com cream cracker

Não há quem não comece uma dieta optando pelo cream cracker no café da manhã. Aparentemente inofensivo, leve, criou-se o mito de que esse tipo de biscoito não engorda. Muitas vezes o desejado pão é substituído pelo biscoito, sem saber que dois cream crackers equivalem a 30g de pão quentinho da padaria. Além disso, é mais difícil controlar o consumo do biscoito. Na dieta o cream cracker deve ser muito bem dosado.

Já o pão carrega o estigma de engordar muito. As pessoas adoram-no e ao mesmo tempo acreditam que devem evitá-lo para conseguir perder peso.

Mas não é bem assim. Um pãozinho francês por dia, e sem miolo, não é pecado, e sem dúvida alguma pode lhe dar mais prazer do que o leve biscoito.

O amado pão francês tem 130 calorias e pesa 50g.

Limão e abacaxi em jejum emagrecem?

Muitas pessoas acreditam que, se comerem bastante abacaxi em jejum ou se colocarem um limão cortado dentro de um copo com água e ir bebendo aos poucos, conseguirão emagrecer com maior facilidade. Esta fórmula mágica não tem a menor base científica. O abacaxi em excesso pode causar aftoses e prejudicar ainda mais quem já tem problemas de gastrite. O limão imerso na água, com o tempo, tem a vitamina C oxidada e perde seu valor nutritivo. Por serem alimentos com baixo teor calórico, esta dupla pode ser utilizada para incrementar saladas, mas sem qualquer efeito para emagrecer de forma milagrosa.

Não adianta tentar milagres. O negócio mesmo é fechar a boca nos intervalos de cada refeição e comer apenas quatro vezes ao dia.

O mundo está engordando

Estudos mostram que a percentagem de pessoas com excesso de peso nos Estados Unidos e muitos países da Europa está em torno de 40% a 50%. E o mais importante é que na última década este número cresceu de 8% a 10%.

Os cientistas já têm explicações para esse aumento da obesidade.

Em alguns lugares do mundo está se comendo mais e mais gordura, enlatados, *fast food*, enfim, alimentos de fácil acesso.

Outro grande problema atual é a diminuição de atividade física. As pessoas, no seu dia a dia, mexem-se menos graças às maravilhas tecnológicas do mundo atual. E, finalmente, o mundo hoje em dia está mais estressado. O estresse faz o organismo elaborar cortisona, e você engorda mesmo sem comer.

Aí vão três conselhos para combater a obesidade: corte os alimentos gordurosos, deixe seu carro na garagem e encare a obesidade como uma doença grave que pode matar se associada a diabetes, colesterol alto, infarto e derrame.

Mamão

Típico das regiões tropicais e subtropicais, o mamão pode ser encontrado em vários países e até receber diferentes nomes: papaia, no México; fruta bomba, em Cuba; passaraíva, no Nordeste do Brasil.

São tantas as propriedades do mamão, que não se sabe se ele é alimento ou remédio.

Em geral o mamão é um remédio *in natura*. É um excelente alimento, pois sua polpa é notória em nutrientes. Contém água, carboidrato, proteínas, açúcar, gordura, fibras, além de grande quantidade de cálcio, fósforo, ferro, sódio, potássio e vitaminas A, B_1, B_2, B_5 e C.

Como se tudo isto não bastasse, o mamão é produto da papaína, uma substância que entra na composição de vários medicamentos.

Se ingerido pela manhã em jejum, o mamão é eficaz contra a diabetes, a icterícia, garante o bom funcionamento do intestino, dos rins e do fígado.

E, para finalizar, para a sobremesa, que tal um doce de mamão verde? Hum, que delícia!

Peixe

O peixe é, sem dúvida alguma, a melhor proteína animal para a saúde e para a beleza do ser humano. Peixes são alimentos de fácil digestão, têm baixíssimas taxas de colesterol, altos teores de proteínas e estão repletos de aminoácidos essenciais ao desenvolvimento da saúde de quem os consome. A proteína do peixe é fonte de vitaminas, sais minerais e iodo quando de água salgada.

O peixe é saboroso, independentemente da maneira como é preparado, e tem a vantagem de ser menos calórico que as outras carnes. Apresenta em média 100 calorias por 100g cozido ou cru.

O peixe à brasileira pode ser o substituto perfeito para a feijoada de sábado na mesa dos gordinhos. Peixe frito ou à milanesa só deve ser consumido depois que se alcança o peso ideal. A moqueca baiana só será responsável se você assumir o compromisso de caminhar pelo menos meia hora após a refeição. Quanto ao suflê de peixe, recomendo que seja preparado em porções individuais, para não corrermos o risco de colocar mais um pouquinho para completar o pirão que sobrou.

Hortaliças

As hortaliças têm funções medicinais que muita gente desconhece.

As plantas oferecem elementos indispensáveis para a conservação da saúde, como para o restabelecimento em casos de doenças.

Aí vão algumas receitas de remédios caseiros para se fazer e usar imediatamente após serem preparados:

A acelga é indicada para reumatismo, gota e eczemas. As sementes da acelga tostadas e bem socadas formam um pó, que, misturado com chá forte de casca de carvalho, é indicado, na forma de emplastro, para secar feridas em geral, inclusive frieiras.

A alcachofra é eficaz para a digestão e aproveitar os alimentos. Regulariza as funções do fígado e ajuda na cura da hepatite.

A alface amassada junto com a aveia forma uma pomada que alivia as irritações da pele.

O alho é depurativo e limpa o sangue. É muito usado para baixar a febre. Nestes casos, usar três dentes para um copo de água passados no liquidificador e tomar duas colheres de sopa de hora em hora.

Beterraba e cenouras cruas, sob forma de suco, ajudam na consolidação de fraturas e deficiência de cálcio.

A cebola, além de ser indispensável no molho à campanha, tem efeito vermífugo e é muito indicada em períodos de epidemia.

Mel

O mel também é remédio. É um meio de cura excelente para tratamento de feridas porque contém alguns componentes bactericidas, embora não tenha sido possível até hoje estudá-los profundamente. O mel contém ainda minerais, vitaminas, fermentos, oligoelementos e matérias nutritivas, podendo-se quantificar as porções de potássio, sódio, fósforo, cobre e manganês.

É constituído por diferentes tipos de açúcares, sobretudo o açúcar das frutas, levulose, das uvas, dextrose e um pouco de açúcar de cana.

Até o século XVII, o mel era a única matéria doce usada na cozinha. O maior consumo de açúcar refinado, pobre em vitaminas, e sobretudo em sais minerais, é considerado pelos bromatólogos a principal causa de uma série de graves perturbações metabólicas, e sobretudo a cárie dentária.

Para pessoas fracas, tem dado bom resultado o uso de 100g de mel em meio litro de água para ser ingerido durante o dia. O mel também age como calmante e cura a insônia causada quase sempre pela hipoglicemia noturna.

Laticínios

Escolher o laticínio mais adequado deve ser uma preocupação a mais no seu já tão atarefado cotidiano. Na hora de escolher o leite e o queijo nas prateleiras dos supermercados, as pessoas na maioria das vezes só se preocupam com o carimbo da vigilância sanitária, que nos garante a qualidade dos alimentos.

O leite é uma proteína de alto valor biológico e aminoácido essencial para o funcionamento do organismo. É rico em cálcio, fósforo e vitaminas A, D, E e K, prevenindo contra a hipertensão arterial e a osteoporose.

Apesar de todos estes benefícios, é importante que se avaliem os teores de colesterol, gordura e calorias de cada tipo de leite e queijo, pois estes são dados importantes levando-se em consideração o peso, a idade e o sexo da pessoa.

Em resumo, aí vão algumas conclusões a que chegaram médicos e nutricionistas em pesquisas recentes feitas nos Estados Unidos.

Para ter ossos fortes na velhice é importante beber leite na puberdade, em especial as mulheres.

Adultos entre 20 e 24 anos precisam beber oito copos de leite por dia ou quatro fatias grandes de queijo. Dos 25 aos 60, reduzir 25% dessas quantidades, e daí por diante, diminuir mais ainda.

É discutido se o melhor tipo de leite para os homens a partir dos 25 anos é o integral, que, devido o alto teor de gordura, pode causar câncer de próstata. Em compensação, está comprovado que o cálcio protege contra o mau colesterol, porque bloqueia parcialmente a absorção de gorduras localizadas. Para o adulto recomendam-se leite e queijo sem gordura, que tem a vantagem também de proteger contra o câncer.

Contudo, apesar de todas estas discussões, uma coisa é certa, os laticínios engordam, e muito. Magros ou gordos, cuidado com eles.

A dieta parou de funcionar

Caso sua dieta tenha parado de funcionar, não desanime, isso faz parte do processo.

Nas primeiras semanas os quilos parecem voar, mas depois de algum tempo o ritmo começa a mudar e realmente vai ficando mais difícil perder os quilos que tanto o incomodam. Nas duas primeiras semanas o resultado é gratificante, e isso se deve ao fato de que, logo no começo do regime, além de gordura, perde-se também o excesso de água do organismo.

Alguns fatores podem dificultar ainda mais o emagrecimento nessa fase, por exemplo, o uso de inibidores do apetite. Esse tipo de medicamento tende a perder seu efeito por causa do mecanismo de tolerância do organismo.

Depois de algum tempo consumido o produto para emagrecer, a fome volta e, se você diminuiu os exercícios físicos, então o problema pode se agravar. E ainda tem o fator psicológico que pode ser o maior inimigo do seu regime. Ele arma um mecanismo de defesa para diminuir a sensação de fome, e o corpo passa a armazenar quase tudo que ingere. Afinal, ele não sabe quando vai receber comida outra vez.

Mas, com algumas atitudes saudáveis, não tem como seu regime emperrar.

Fuja das dietas malucas. Não pule refeições, não coma mais nada após o jantar, diminua mais ainda a gordura, aumente a quantidade de fibras do cardápio. E, finalmente, não se desespere. Marque uma consulta com seu médico. Ele, com certeza, lhe apontará uma solução.

Manga

Caso você goste de manga, aí vão algumas informações que irão fazê-lo chupar manga com mais vontade ainda.

Calcula-se que existam cerca de 500 variedades de manga em todo o mundo, com pesos que vão de 100g a quase 2kg. Estes tipos estão divididos em dois grandes grupos: as suculentas, que têm fibras em grande quantidade e são as usadas na industrialização de derivados da fruta. Um doce em calda, uma compota. E as polpudas: que têm menor quantidade de fibras. A esta espécie pertencem a carlota e a manga coração-de-boi. São as que não deixam os fiapinhos nos dentes.

Embora desagradáveis, são as fibras, em maior ou menor quantidade, que definem a eficiência de cada tipo de manga, pois as fibras são indispensáveis para auxiliar os movimentos intestinais e combater a prisão de ventre.

As vitaminas A e C são os dois nutrientes mais expressivos da manga presentes em quantidades que colocam a fruta entre as mais ricas nessas vitaminas. E ainda possuem algumas vitaminas do complexo B, cálcio, fósforo, ferro, sódio, potássio e manganês, assim como proteínas. Quanto às calorias, também é riquíssima e, portanto, nada aconselhável para quem quer manter-se em forma.

Dieta alimentar

O segredo para se viver muito e com saúde está na dieta alimentar e não nos regimes de emagrecimento. Assim como a beleza não deve estar associada à magreza, não se deve confundir dieta balanceada com regime.

Colocar em risco a saúde do organismo em detrimento de alcançar o biótipo da moda tem sido um dos motivos de doenças graves que vão desde uma gastrite até uma anorexia nervosa.

Uma dieta balanceada resolverá o problema do excesso de peso, embora se reconheça que a reeducação alimentar nem sempre é fácil de se alcançar, pois exige tempo e paciência.

Para que seu programa de emagrecimento não se torne uma tortura, aí vão, não algumas receitas, mas alguns conselhos que podem ajudá-lo.

- Ao fazer compras no supermercado, relacione os alimentos absolutamente necessários para as refeições principais do dia. E siga a lista sem cair em tentações.
- Não vá às compras de estômago vazio. Procure fazê-las após as refeições.
- Não aceite as sugestões promocionais de comprar quatro pacotes de biscoito pelo preço de três, se seu consumo é de apenas um pacote por semana.

- Leia as etiquetas dos alimentos industrializados, levando em consideração também o teor de carboidratos das calorias.
- No balcão dos laticínios escolha os queijos e iogurtes menos gordurosos, mas não exagere na quantidade. Mesmo branquinhos e sem gordura, os derivados do leite são muito calóricos e ricos também em carboidratos, os maiores inimigos de quem quer emagrecer.

Minerais

Os minerais protegem o corpo e aumentam as defesas do organismo. Esta descoberta é recente para a medicina; portanto, é sempre bom lembrar para que servem e onde encontrá-los.

O cobre contribui para a produção dos glóbulos vermelhos e da mielina. O fígado e as ostras são ricos neste metal.

O potássio controla a água das células e também os ritmos cardíacos. O cogumelo, a couve e a banana são ricos em potássio.

O sódio assegura o equilíbrio hídrico do organismo, influi nas contrações musculares e nos impulsos nervosos. É encontrado nos peixes.

O selênio é o maior aliado no combate aos radicais livres. Os cereais integrais são ricos em selênio.

O magnésio regula as células nervosas, ajuda na formação de anticorpos e alivia o estresse. É encontrado no limão e na maçã.

O ferro participa na formação da hemoglobina. As carnes são ricas em ferro, principalmente, o fígado.

O iodo é indispensável ao bom funcionamento da tiroide. Não é um grande sacrifício usá-lo como remédio, tendo em vista que pode ser encontrado em grande quantidade na lagosta e nos frutos do mar.

O fósforo é um componente importante do mecanismo energético e do código genético. Auxilia na estrutura dos dentes e ossos, ajuda a regular os batimentos cardíacos e funções renais. Sua absorção depende da quantidade de vitamina D e do cálcio no organismo. É encontrado em carnes, peixes, ovos e queijos.

E finalmente o zinco, indispensável na estética quando o problema for a acne.

Os minerais encontrados nas fontes da alimentação nem sempre podem ser suficientes.

Procure um especialista na medicina ortomolecular. Vale a pena!

Melancia

Exuberante, cheia de vitaminas, minerais e fibras, a melancia é a fruta ideal para repor a água no organismo.

Nascida na Península Arábica, chegou às Américas conservada nos porões escuros das caravelas portuguesas do século XVI. Adaptou-se facilmente ao solo brasileiro e hoje é tão nossa quanto a banana.

A melancia também é riquíssima em frutose, um tipo de açúcar com menor teor calórico. Apesar disso, ela não é proibida para obesos e diabéticos, desde que comida moderadamente. Com a vantagem de ter 90% de água, é a fruta mais aconselhada para matar a sede nas atividades ao ar livre onde se corre o risco de desidratar-se.

Além de todas as qualidades nutritivas, a melancia é ideal para integrar os regimes de emagrecimento, porque só tem 22 calorias por 100g, e a combinação de água e fibras produz sensação de saciedade.

Apesar de todas essas vantagens, é aconselhável não abusar na quantidade. Esta fruta é prima do melão e do pepino e pode ser um pouco indigesta para pessoas sensíveis.

Aí vão as sugestões para uma boa compra no dia da feira:

Prefira as de casca mais firme, lustrosas e sem manchas escuras. E o velho costume de bater na fruta com a mão fechada continua sendo uma boa dica. O ruído produzido deve ser surdo.

E, finalmente, entre duas melancias do mesmo tamanho, prefira a mais pesada.

Agora uma novidade, pelo menos para mim: a melancia alivia o desejo intenso de ingerir bebidas alcoólicas.

Clorofila

"O suco verde é a fonte da boa forma", garante Wilson Camargo, engenheiro orgânico graduado pelo Instituto de Biotecnologia de Fhindorf na Inglaterra. A clorofila encontrada em abundância nas verduras pode ser ingerida sob a forma de suco. É responsável pela fotossíntese das plantas e funciona como um poderoso tonificante muscular, e ainda é capaz de beneficiar a pele e promover uma verdadeira limpeza no organismo. Segundo Wilson Camargo, a clorofila carrega todo material tóxico — radicais livres — para fora das células e desintoxica os filtros orgânicos, e o resultado de um tratamento pode aparecer de três a quatro dias depois que se incluem no cardápio altas quantidades de folhas verdadeiros ou clorofila em drágeas.

Durante o tratamento receitado por Camargo, as vitaminas ficam para uma segunda etapa. Inicialmente, ele receita drágeas de clorofila, que são o suplemento biorgânico. "É como preparar o solo", diz ele; "primeiro, é preciso arar, drenar e depois vir com os nutrientes."

O ideal para quem quer experimentar este tratamento é fazer uma dieta líquida no primeiro dia, ingerindo chá, água e pelo menos seis copos de sucos de salsinha, brócolis, aipo, agrião, espinafre e outras folhas verdes. E, a partir do segundo dia, quatro copos deste suco entre as refeições.

Caso o resultado tenha sido satisfatório para você, pode optar pelas microdrágeas de clorofila para reforçar o cardápio verde — dez microdrágeas equivalem a quatro quilos de verduras. O Dr. Camargo receita em média até vinte drágeas por dia.

O tratamento à base de clorofila retarda o envelhecimento, que é a grande preocupação das pessoas. Vale a pena começar já.

Folhas verdes

Está comprovado que as folhas verdes, leves e saborosas, previnem doenças e fornecem uma boa qualidade de vida.

Um dos principais componentes das folhas verdes, o bioflavonoide, ajuda a combater os radicais livres, além de diminuir o nível de colesterol. A grande quantidade de vitamina encontrada nas folhas é um anticancerígeno eficiente.

Para conservar todos os nutrientes das folhas verdes, o melhor é comê-las cruas, com tempero leve, como o limão, por exemplo, que ainda ajuda a absorção do ferro. Para garantir a limpeza das folhas, depois de lavadas em água corrente, deixe-as de molho com três gotas de solução de hipoclorito de sódio para cada litro de água. A salada, uma vez temperada, deve ser consumida imediatamente.

Cozidas no vapor elas apresentam alguma perda de nutrientes, pois, quanto maior o calor, mais rapidamente as folhas perdem suas propriedades. Ao cozinhá-las mantenha a panela tampada e aproveite a água para cozinhar o arroz ou o feijão.

Finalmente, sempre que puder, claro, corte as folhas com as mãos, pois o metal das facas oxida as verduras.

Jejum

O jejum é uma prática usada pelos naturalistas e macrobióticos com fins higiênicos e educativos. Treina a pessoa a desenvolver a força de vontade e o domínio de si própria. É uma terapia natural, na qual o organismo utiliza sua própria energia nos processos de cura.

É também utilizado como arma para se exercer o poder. O jejum de Gandhi libertou a Índia do domínio da Inglaterra. Na Antiguidade era prática habitual de Sócrates e Platão.

Por quantos dias o homem pode jejuar sem risco de vida?

Jesus jejuou 40 dias; um inglês, no ano de 1890, ficou 45 dias sem se alimentar; e um indiano, 145 dias.

Chega-se à conclusão de que a expressão popular tão repetida, vou morrer de fome, está longe de ser verdadeira. Pode-se viver muito bem com muito menos quantidades de comida, sem correr riscos de vida.

Conclui-se então que não há perigo. Pode-se sobreviver. Mas não é necessário ser tão radical, pois a maneira mais saudável de emagrecer é seguir uma dieta balanceada. Você ficará mais bonito e vai poder viver muito mais porque terá mais saúde.

Chás

Os chás são usados no mundo inteiro nas curas das doenças do corpo e também da alma.

A flora brasileira é privilegiada, pois oferece ricos elementos que são usados na fabricação de remédios.

Temos aqui, bem perto de nós, as soluções mais saudáveis e baratas para a cura de uma infinidade de doenças, e pouco sabemos sobre o assunto.

Por exemplo, o chá-mate, a bebida dos gaúchos, muito conhecida em qualquer lugar do Brasil, tem propriedades terapêuticas de valor inestimável. Está comprovado cientificamente que é excitante, ativa a circulação, tonifica o organismo, elimina o ácido úrico, facilita a digestão, combate afecções de estômago e fígado e é diurético.

O chá de casca de catuaba é poderoso afrodisíaco. Atua na fraqueza orgânica, na anemia, insônia, hipocondria e em doenças do sistema nervoso.

O chá de camomila é um dos mais difundidos no país. É feito das flores e usado no combate à cólica dos recém-nascidos, assim como na digestão difícil. É usado para a conjuntivite, em forma de compressa, e seu principal efeito é o calmante. Substitui com eficiência os remédios para dormir.

Para as doenças mais comuns, é válido optar por esta forma simples de cura. Já existe uma vasta literatura no mercado. Vale a pena pesquisar.

Maracujá

O tropicalíssimo maracujá atua no sistema nervoso, na imunidade e no coração, e é chamado pelos franceses *fruit de la passion*, pelos ingleses de *passion fruit* e *marracúia*, pelos alemães.

Existem 150 tipos de maracujá, mas somente sessenta deles produzem frutos, e nem todos são comestíveis. O mais conhecido, entretanto, é o amarelo, cultivado quase que o ano inteiro nas regiões Norte e Nordeste do Brasil.

O maracujá não é só bonito e gostoso. É também rico em minerais hidrossolúveis, sais minerais e fibras, fazendo parte das frutas ricas em vitamina C, que é responsável pelo aumento das defesas naturais do organismo contra os invasores externos, além de ser essencial na estrutura do colágeno e na absorção do ferro. Alguns medicamentos destroem a vitamina C no organismo, como os anticoncepcionais, o fumo e as bebidas alcoólicas.

A polpa alaranjada do maracujá é rica em betacaroteno, necessário para fabricar vitamina A no organismo.

O maior benefício do maracujá para o organismo, entretanto, está no fato de ser uma das frutas com mais concentração de potássio.

Plantas medicinais

As plantas medicinais, hoje tão usadas terapeuticamente, têm seus segredos. Seu efeito pode ser maior ou menor na medida em que você estiver mais atento ao seu cultivo, à colheita, ao armazenamento e usá-las de maneira certa.

Quanto ao cultivo, devem ser observados os seguintes fatores extremamente importantes: luz, terra, água e arejamento.

Quanto à colheita, vale salientar que as plantas silvestres causam efeitos medicinais muito mais elevados do que as cultivadas em hortas, jardins ou vasos. Elas não podem ser amassadas, e as sementes devem ser colhidas com o fruto verde. As cascas das árvores devem ser colhidas na primavera e a dos arbustos no outono.

As plantas devem ser colocadas em locais secos, escuros e arejados, e secadas à sombra. Depois são guardadas em vidros escuros e cheios até a tampa.

No preparo dos chás é indicada, em média, uma colher de ervas, não se devendo acrescentar leite ou açúcar.

Em geral, para uso interno, usa-se de 10 a 30g de folhas para um litro de água; pode-se dobrar a dose para uso externo.

Em caso de febres devem-se usar os chás frios. Mas, se você quer ter bons sonhos, é melhor que o chá de camomila esteja bem quentinho.

Nozes

A noz é uma castanha nobre, e é mais consumida no Natal. Trata-se de um alimento característico dos países frios e por isso considerado muito quente. Como no Brasil o Natal ocorre no verão, fica claro que a noz não deve ser ingerida à vontade, até porque é altamente calórica e gordurosa.

A noz é nutritiva e importante fonte de cálcio, fósforo e vitamina B. Suas proteínas são comparáveis às das carnes. É indicada para a cura dos males do cérebro, e, coincidência ou não, ela lembra o seu formato, o que não tem nada a ver com as propriedades terapêuticas e nutricionais.

É usada no cardápio do diabético pelo baixíssimo teor de carboidratos.

Veja a comparação da noz antes de escolher qualquer receita onde ela apareça:

18,6% de proteínas, 11,8% de carboidratos, 1,9% de minerais, 3,2% de água e, aí vem a surpresa, 64,2% de gordura.

Então, no próximo Natal pense duas vezes antes de se deliciar com esta castanha tão chique e tão perigosa para quem quer manter a forma.

Alimentos naturais

Verduras, frutas, carnes, leite e legumes são indispensáveis para uma dieta saudável. Mas a saúde pode não estar garantida se estes alimentos estiverem contaminados por partículas imperceptíveis e difíceis de sentir o cheiro.

Existem substâncias tóxicas que se escondem nestes alimentos e que são prejudiciais à saúde, como os pesticidas, os metais pesados e ainda os nitratos, que são os compostos químicos existentes nas plantas e que em quantidade elevadas prejudicam o organismo.

As bactérias chamadas fungos são os microrganismos responsáveis por 99% dos problemas de saúde causados pelos alimentos contaminados no Brasil.

A regra para se evitar o consumo de todos estes venenos é simples: basta lavar muito bem frutas e verduras, cozinhar tudo o que for possível e procurar conhecer a procedência do que se come.

Os fungos instalam-se mais facilmente nas aves e ovos, salsinha, presunto, palmito, cogumelo e milho em conserva e, ainda, em alguns queijos frescos e patês. Eles se proliferam nas castanhas, amendoins, milhos e nozes.

Os metais pesados são encontrados nos peixes, mariscos e ostras.

Você não precisa evitar estes alimentos, basta verificar se o aspecto e o cheiro estão normais.

Clara de ovo

A clara de ovo, rica em proteínas, é alimento indispensável para quem se dedica à musculação intensiva e levantamento de peso. Estas pessoas chegam a consumir duas dúzias de claras de uma só vez, desprezando as gemas para evitar o elevado nível de gordura. Este hábito, se muito repetido, não é muito saudável para o organismo.

Omelete feito só de claras, temperado com ervas, é uma excelente opção para fugir do aumento de colesterol e para os regimes de emagrecimento. Dentro de um programa equilibrado de nutrição, é aconselhável que se consuma apenas dois ovos inteiros por semana. Ovos quentes, cozidos ou pochés são as formas mais aconselháveis, pois não precisam de gordura na receita.

Berinjela

As berinjelas foram levadas da Índia pelos árabes há 1.500 anos e, desde então, este legume tornou-se a base da cozinha mediterrânea. No Oriente Médio, são amassadas, fritas em azeite, ensopadas ou recheadas e assadas.

Os gregos gostam de retirar a polpa, refogar em azeite com cebolas, em seguida misturar com queijo, ovos, salsa e pimenta do reino, rechear a casca e assá-las.

Os italianos do sul usam fatias fritas no lugar do pão.

No Brasil, onde todas as receitas são bem-vindas, a berinjela passou ainda a ser mais consumida após a recente descoberta do poder de promover a redução do colesterol em circulação no sangue.

Frutas

Nem todas as frutas são apropriadas para um regime de emagrecimento. São alimentos divinos, um presente da natureza. Não há quem não goste delas. Talvez uma azedinha aqui outra excêntrica ali possam não ser aceitas por todos, mas, as doces são sempre bem-vindas em qualquer mesa.

É errado pensar que por fazerem bem à saúde, as frutas podem ser ingeridas à vontade sem engordar. Quanto mais doce, mais calóricas e ricas em carboidratos, um dos maiores inimigos da balança. Botando as frutas na balança vamos ver quais as proibidas e as que são permitidas.

As engordativas: banana, caqui, cereja, manga, fruta-de-conde, ameixa. As mais adequadas para a sobremesa de uma dieta em que se contam as calorias são: melão, mamão, abacaxi, kiwi, pêssego e morango, sem creme de leite, claro.

Pimenta

A pimenta é um tempero típico das regiões do nordeste e norte do Brasil. Embora o sabor de cada uma seja bem marcante, o que importa é a intensidade da ardência, dependendo do seu tipo. A pimenta-de-cheiro é perfumada e o ardor é suave. No norte costuma-se deixá-la em efusão em leite em vez de vinagre e azeite.

A pimenta vermelha é rica em vitaminas C, B2 e E. Tem propriedades analgésicas, energética e reduz a formação de coágulos no sangue.

A pimenta Murupí é pequena, amarela, dividida em gomos e com formato alongado. É a pimenta brasileira mais forte, apresenta riscos de queimadura se entrar em contato direto com a pele ou mucosas. Para apreciadores, a melhor pimenta é a que mais arde.

Spa

Quem imagina que, hoje, só frequenta um spa aquele que quer perder peso, é porque nunca participou de um destes programas. O spa já é recomendado por médicos e terapeutas, como uma formula para combater o estresse causado pelas complicações do dia a dia. Antes, visto como o lugar ideal para emagrecer, reunia grupos de pessoas com excesso de peso e que tinham um único objetivo: ver os ponteiros da balança descerem rapidamente. Porem, está comprovado que, para recuperar as formas e a autoestima, apenas fechar a boca não é suficiente. Os spas tornaram-se mais atraentes quando começaram a desenvolver atividades prazerosas que estimulam seus participantes, oferecendo muito mais que só pouca comida. Além de massagem, tratamentos estéticos e exercícios físicos, o lazer é fundamental para quem está privado de satisfação. Aulas de dança, performances, e música fazem das noites de spa uma festa onde os relacionamentos se aprofundam e a oportunidade de fazer novos amigos é certa.

3 | CARNES

Fui carnívora durante muitos anos. Preferia a carne sangrenta à bem passada. O rosbife era — e ainda é — a minha carne predileta.

Vovó fazia o melhor rosbife do mundo. Ela dourava a carne com uma pitada de açúcar. O molho de cebola, tomate e pimentão, feito no sujinho da panela, após retirar a carne, era o néctar dos deuses, que eu sempre deixava para o fim e comia com arroz e farinha d'água — aquela amarelinha e bem torrada.

São inúmeras as correntes de dietas, e muitas delas, como as vegetarianas e similares, consideram a carne vermelha a maior inimiga da saúde. Durante dois anos cheguei a ser radical e seguir com rigor uma dieta lacto-ovo-vegetariana. Hoje em dia, apesar de ter reduzido bastante a carne na minha alimentação, ainda aprecio um bom rosbife. Só que não ouso mais acompanhá-lo com molho e farinha d'água, já que daria uma grande mão de obra desgastar todo o hidrato de carbono adquirido com um simples punhado de farinha.

Além disso, fiz algumas constatações importantes. Por exemplo, quando não comia carne, não precisava de mais de seis horas de sono por noite para me recuperar, mesmo depois de um dia exaustivo, dedicado a oito horas de exercícios. E mais, sem comer carne, eu passava um dia inteiro sem sentir sono, o que não acontece quando a incluo na minha alimentação. Para completar, o meu aparelho digestivo funcionava melhor.

Por tudo isso, colocando na balança os prós e os contras, restou um saldo de carne duas vezes por semana, não tão malpassada como antes e sempre magra, tipo lagarto redondo. Assim, ainda posso saborear um divino rosbife ou uma carne assada de dar inveja aos deuses.

Almôndegas Portuguesas

PRATO PRINCIPAL
cada porção
248 calorias

INGREDIENTES (4 porções)

- 550 gramas de carne moída limpa
- 2 fatias de pão de forma sem casca
- 1 colher de chá de farinha de trigo
- Salsa e cebolinha picadas a gosto
- ½ colher de sopa rasa de sal

INGREDIENTES DO MOLHO

- 150 gramas de tomate maduro sem pele e sem sementes
- 1 dente de alho
- 150 gramas de cebola picada
- 1 colher de sopa de massa de tomate
- ½ colher de sopa de molho de soja
- Sal, páprica e outros condimentos a gosto
- 1 colher de café de margarina
- ½ envelope de adoçante

MODO DE FAZER

Para preparar as almôndegas, umedecer ligeiramente o pão e juntar todos os ingredientes, menos a farinha de trigo, numa tigela, amassando bem. Quando a mistura estiver bem ligada, fazer as almôndegas em múltiplo de 4, passá-las ligeiramente na farinha de trigo e reservar.

Para fazer o molho, levar os tomates ao fogo brando e deixá-los desmanchar com o adoçante, o alho e uma pitada de sal. Juntar às cebolas cortadas e previamente refogadas na margarina a massa de tomate, o molho de soja, o sal, a páprica e água quente o suficiente para cobrir as almôndegas. Deixar no fogo até formar um molho homogêneo, mas não muito grosso (se necessário, acrescentar água). Provar de sal e de temperos.

Arrumar as almôndegas sobre o molho e deixar cozinhar em fogo brando, com a panela tampada, por aproximadamente 1 hora. Sacudir a panela de vez em quando.

Purê de Abobrinha com Batata-Doce

GUARNIÇÃO
cada porção
112 calorias

INGREDIENTES (4 porções)

- 600 gramas de abobrinha
- 150 gramas de bata-doce cortada em cubos
- 100 gramas de cebola cortada em cubinhos
- 1 colher de sopa cheia de salsa picada
- 1 colher de chá de sal
- 1 colher de café de margarina
- 1 colher de chá de farinha de trigo
- ½ envelope de adoçante

MODO DE FAZER

Escovar a casca da abobrinha e retirar o miolo.

Cortar a batata-doce em cubinhos e reservar dentro de água.

Levar a abobrinha ao fogo, borrifar com farinha de trigo e sal; abafar e manter em fogo brando.

Retirar antes de cozinhar completamente, passar na máquina de moer carne (disco maior) e deixar no escorredor até parar de pingar.

Refogar as cebolas em metade da margarina, sal e adoçante até que fiquem transparentes. Juntar a abobrinha, misturar com os temperos e cobrir com a batata-doce cortada em cubinhos. Quando estiverem cozidos *al dente*, misturar tudo, apagar o fogo e acrescentar o resto da margarina e a salsa picadinha.

Bife Acebolado

PRATO PRINCIPAL
cada porção
291 calorias

INGREDIENTES (4 porções)

- 600 gramas de bifes finos e de igual tamanho
- 150 gramas de cebola cortada em rodelas grossas
- 1 colher de sobremesa de farinha de trigo
- ½ colher de sopa de sal
- 1 colher de café de amaciante para canes
- ½ colher de café de páprica picante
- 1 colher de chá rasa de óleo
- 1 colher de chá rasa de margarina
- ½ envelope de adoçante
- ½ cebola média ralada
- Caldo de carne desengordurado

MODO DE FAZER

Bater os bifes, passar no amaciante e reservar.

No dia seguinte, temperar com sal e páprica. Em seguida, grelhar e aproveitar todo o caldo; colocar na panela e mantê-la tampada.

Corar a cebola ralada com metade do adoçante e o óleo, juntar o caldo apurado e, se for pouco, acrescentar caldo de carne desengordurado até completar 2 xícaras. Quando a cebola estiver cozida, passar pela peneira, provar de sal, cobrir os bifes e deixá-los cozinhar até que fiquem bem macios. Retirar os bifes e reservar.

Colocar as rodelas de cebola na panela com a margarina, o sal e o resto do adoçante, polvilhar com farinha de trigo e corá-las rapidamente. Despejar o molho de bife sobre as rodelas de cebola e deixar no fogo forte até ferver. Apagar o fogo e servir o molho acebolado sobre os bifes.

Beterraba ao Creme

GUARNIÇÃO
cada porção
75 calorias

INGREDIENTES (4 porções)

- ½ quilo de beterraba
- 1 cravo-da-índia
- ½ colher de sopa de sal
- ½ colher de sopa de adoçante
- 2 colheres de sopa de queijo parmesão
- 1 colher de café de margarina

INGREDIENTES DO MOLHO BRANCO

- 1 colher de café de margarina
- 1 colher de sopa rasa de farinha de trigo
- 100 gramas de cebola ralada
- 1 xícara de leite desnatado
- Uma pitada de sal
- ½ envelope de adoçante

MODO DE FAZER

Cozinhar a beterraba com casca, juntar o sal, o adoçante e o cravo-da-índia e manter a panela destampada até que a água seque completamente.

Enquanto a beterraba estiver cozinhando, levar a cebola do molho branco ao fogo com a margarina, o sal e o adoçante até ficar transparente. Acrescentar a farinha desmanchada no leite e mexer até cozinhar.

Cortar a beterraba descascada em cubos, jogar no molho branco e deixar ferver; provar de sal, apagar o fogo e juntar a margarina e o queijo parmesão peneirado. Misturar bem e servir.

Bife Rolê Tradicional

PRATO PRINCIPAL
cada porção
296 calorias

INGREDIENTES (4 porções)

- 500 gramas de bifes finos e grandes
- ½ colher de café de amaciante de carne
- 1 colher de chá de sal
- 2 cenouras médias cortadas em palitos
- 40 gramas de presunto magro cortado em tirinhas
- 1 colher de chá de óleo
- 100 gramas de cebola cortada em rodelas finas
- 4 colheres de sobremesa de vinho tinto seco
- ½ xícara de concentrado de carne desengordurado
- ½ colher de café de açúcar

MODO DE FAZER

Bater bem os bifes e temperar com amaciante e sal. Enrolar com presunto e cenoura, prendendo com um palito.

Dourar os rolinhos no óleo e açúcar; cobrir com a cebola em rodelas, o vinho e o caldo de carne desengordurado. Tampar a panela e deixar os rolinhos cozinhando em fogo brando até amaciar, pingando água quente para formar o molho.

Couve-flor Empanada

GUARNIÇÃO
cada porção
79 calorias

INGREDIENTES (4 porções)

- 600 gramas de couve-flor limpa (sem os talos grossos)
- 2 claras de ovos
- 1 colher de sobremesa de farinha de trigo
- 1 colher de sobremesa de margarina derretida
- 2 colheres de sopa rasas de queijo parmesão ralado
- 2 colheres de sopa de leite em pó desnatado
- Sal a gosto

MODO DE FAZER

Cozinhar a couve-flor em água fervente com pouco sal e leite em pó desnatado.

Arrumar 4 porções de couve-flor cozida num tabuleiro.

Bater as claras em neve, juntar a margarina derretida, metade do queijo parmesão e, por fim, a farinha de trigo peneirada, que deve ser misturada sem bater.

Cobrir cada porção de couve-flor com as claras preparadas e salpicar o restante do queijo parmesão ralado; levar ao forno por 10 minutos e retirar a couve-flor com uma espátula.

Bife de Leite

PRATO PRINCIPAL
cada porção
291 calorias

INGREDIENTES (4 porções)

- 500 gramas de carne cortada em bifes
- 150 gramas de cebola
- ½ colher de sopa de sal
- Uma pitada de páprica picante
- 1 colher de chá de óleo
- 1 colher de chá de margarina
- ½ envelope de adoçante
- 1 xícara de chá rasa de leite desnatado

MODO DE FAZER

Bater os bifes sem perfurá-los.

Cortar a metade da cebola em rodelas e ralar o restante.

Temperar os bifes com sal e páprica e corá-los em grelha ou frigideira antiaderente ligeiramente untada de óleo. Em seguida, colocá-los em panela aquecida, que deve ser mantida tampada.

Corar a cebola ralada, juntar o leite e deixar ferver até que a cebola fique cozida a ponto de desmanchar na peneira; coar o leite sobre os bifes e levar ao fogo até que fiquem bem macios.

Corar levemente as cebolas em rodelas com a margarina e o adoçante, jogar sobre os bifes, misturar com cuidado, deixar ferver por um minuto e apagar o fogo.

Quadradinhos de Vagem

GUARNIÇÃO
cada porção
88 calorias

INGREDIENTES (4 porções)

- 600 gramas de vagem macarrão
- 2 ovos
- 1 colher de café de margarina
- 1 ½ colher de sopa de farinha de trigo
- ½ xícara de leite desnatado
- 1 colher de café de fermento em pó
- Farinha de rosca para polvilhar (mínimo)
- Sal e bicarbonato

MODO DE FAZER

Cortar a vagem macarrão em tiras finas e cozinhar *al dente* com um pouco de sal e bicarbonato. Escorrer bem a água; colocar numa vasilha e cobrir com margarina derretida no leite fervendo. Deixar esfriar.

Enquanto o leite estiver esfriando, preparar o tabuleiro, untando-o ligeiramente e polvilhando-o com farinha de rosca.

Bater as claras em neve, juntar as gemas e continuar batendo.

Peneirar a farinha de trigo com o fermento e ir misturando aos poucos, sem bater, com os ovos batidos. Em seguida, misturar com a vagem, mexendo levemente.

Despejar no tabuleiro, cobrir com farinha de rosca e leva ao forno por 30 minutos. Cortar em quadradinhos e servir.

Bolo de Carne

PRATO PRINCIPAL
cada porção
271 calorias

INGREDIENTES (4 porções)

- 500 gramas de carne para moer
- 50 gramas de presunto magro
- 2 fatias de pão de forma sem casca
- 1 xícara de leite desnatado
- 2 colheres de chá de queijo parmesão ralado
- 1 gema
- Salsa e orégano a gosto
- 1 colher de chá de sal
- Cebola e tomate (para enfeitar)
- 1 colher de sobremesa de alcaparras

MODO DE FAZER

Passar a carne e o presunto juntos na máquina de moer (2 vezes).

Molhar o pão no leite quente e, depois de frio e bem amassado, juntar à carne. Adicionar o queijo parmesão, a gema, o sal, a salsa picada e um pouco de orégano. Amassar bem com as mãos até ligar a massa. Fazer um bolo em forma de rolo e colocá-lo em um tabuleiro ligeiramente untado com óleo. Enfeitar com rodelas finas de cebola e tomate.

Cobrir o bolo com papel laminado e levar ao forno por 30 minutos. Estando assado, retirar o papel e aumentar o forno para corar (mais 5 minutos). Deixar esfriar e cortar em 8 fatias.

Retirar o resíduo do tabuleiro com água quente, provar, temperar a gosto, dar liga com um pouquinho de maisena, juntar as alcaparras e regar as fatias.

Crisps de Cenoura

GUARNIÇÃO
cada porção
90 calorias

INGREDIENTES (4 porções)

- 600 gramas de cenoura ralada
- 50 gramas de cebola picada
- 1 colher de café de margarina
- ½ envelope de adoçante
- 1 colher de chá de sal

MODO DE FAZER

Ralar a cenoura em ralo grosso e espremer para tirar o excesso de água.

Levar a cebola ao fogo com a margarina, o adoçante e o sal; quando estiver transparente, juntar a cenoura e mexer, continuamente, até que pareça uma farofa bem solta. Está pronta para servir.

Bolinhos de Carne

PRATO PRINCIPAL
cada porção
271 calorias

INGREDIENTES (4 porções)

- 500 gramas de carne
- 50 gramas de presunto magro
- 2 fatias de pão de forma sem casca
- 1 xícara de leite desnatado
- 20 gramas de queijo parmesão ralado
- 1 gema de ovo
- 2 colheres de chá rasas de sal
- Salsa picada
- Orégano
- Cebola e tomate (para enfeitar)
- 1 colher de sobremesa de cogumelos secos

MODO DE FAZER

Deixar os cogumelos de molho desde a véspera. Passar a carne e o presunto juntos na máquina de moer (2 vezes).

Molhar o pão no leite quente e, depois de frio, juntar à carne. Acrescentar o queijo parmesão, a gema, o sal, a salsa picada e um pouco de orégano. Amassar com as mãos até ligar bem a massa.

Fazer 4 bolinhos; se ficarem grandes, dividi-los ao meio, colocar em um tabuleiro ligeiramente untado e enfeitar com cebola e tomate em rodelinhas.

Cobrir os bolinhos com papel laminado e levar ao forno por 25 minutos. Estando assados, retirar o papel e aumentar o forno para corar (mais 5 minutos).

Retirar o resíduo do tabuleiro com água quente, provar e temperar a gosto. Fritar os cogumelos secos, que ficaram na água fria desde a véspera, bem escorridos e deixar ferver até amaciar. Acrescentar um pouquinho de maizena ao molho e cobrir os bolinhos na hora de servir.

Purê de Cenoura

GUARNIÇÃO
cada porção
105 calorias

INGREDIENTES (4 porções)

- ½ quilo de cenoura descascada
- 10 colheres de sopa de leite em pó desnatado
- 2 colheres de sobremesa de maisena
- 2 colheres de sopa rasas de queijo parmesão ralado
- 1 colher de sobremesa de margarina
- 100 gramas de cebola
- ½ molho de salsa picadinha
- ½ envelope de adoçante

MODO DE FAZER

Cozinhar a cenoura com pouco sal.

Bater no liquidificador junto com o leite, a maisena, o queijo e a água do cozimento (suficiente para bater).

Refogar a cebola com a margarina e o adoçante. Em seguida, misturar o creme de cenoura, mexendo até engrossar. Se for preciso, acrescentar mais água do cozimento. Depois de pronto, juntar a salsa picadinha.

Carne Assada com Sidra

PRATO PRINCIPAL
cada porção
272 calorias

INGREDIENTES (6 porções)

- 1 quilo de lagarto paulista limpo
- 150 gramas de cebola (metade cortada em rodelas, metade ralada)
- 1 colher de café de açúcar (pode ser mascavo)
- 1 cravo-da-índia
- 2 dentes de alho
- 1 colher de chá de óleo
- 3 colheres de sopa de vinagre
- ½ copo de sidra
- ½ colher de sopa de sal

MODO DE FAZER

Fazer uma vinha-d'alhos, juntando o alho socado, a cebola ralada, o vinagre, o sal e metade da sidra. Deixar a carne marinar por 8 horas. Melhor temperar de véspera.

Levar o óleo e o açúcar ao fogo, deixar corar, juntar a carne e corar por igual; tampar a panela por 5 minutos. Logo que a carne estiver corada, acrescentar o restante da sidra, o cravo e o resíduo da vinha-d'alhos.

Cobrir a carne com água fervendo e deixar cozinhar até ficar bem macia e a água reduzida. Continuar corando.

Por fim, juntar o restante da cebola em rodelas grossas para fazer o molho do assado.

Panachê de Legumes

GUARNIÇÃO

cada porção
85 calorias

INGREDIENTES (6 porções)

- 350 gramas de galhos de couve-flor
- 250 gramas de vagem (inteiras)
- 240 gramas de cenoura (inteiras)
- ½ cebola média
- 1 alho-poró (inteiro)
- ¼ de tablete de caldo de carne ou galinha desengordurado
- 1 envelope de adoçante
- 100 gramas de tomate sem pele e sem sementes
- 1 colher do café de margarina
- Sal a gosto

MODO DE FAZER

Levar o tomate ao fogo com metade da margarina e ½ envelope de adoçante até desmanchar. Juntar a cebola já refogada no restante da margarina e do adoçante. Acrescentar o caldo de carne dissolvido em 2 xícaras de água e desengordurado.

Quando estiver fervendo, juntar os legumes inteiros, pela ordem: cenoura, vagem (amarrada de 10 em 10), alho-poró e, por último, os galhos de couve-flor. Assim que a couve-flor cozinhar, apagar o fogo e manter na panela. Servir bem quente.

Carne Assada Lardeada

PRATO PRINCIPAL
cada porção
261 calorias

INGREDIENTES (6 porções)

- 1 quilo de lagarto paulista (1 peça aproximadamente)
- 2 cenouras para lardear
- ½ quilo de cebola (metade ralada, metade cortada em rodelas)
- 2 dentes de alho
- 4 colheres de sopa de vinagre
- 4 colheres de sopa de vinho tinto seco
- 1 colher de chá de açúcar
- 1 colher de sopa rasa de sal
- 2 folhas de louro

MODO DE FAZER

Limpar a carne, furar no centro e lardear com as cenouras inteiras.

Preparar uma vinha-d'alhos com a cebola ralada, o alho, o sal, o vinagre e o louro; colocar a carne na vinha d'alhos, tendo o cuidado de furá-la com o garfo e envolvê-la bem com o tempero. Deixar marinar até o dia seguinte.

Usando uma panela média, dourar o açúcar no óleo e corar o lagarto, que deve estar limpo dos temperos. Quando estiver bem corado, juntar os resíduos da vinha-d'alhos e o vinho, abafar a panela e abaixar o fogo; mexer de vez em quando até formar molho.

Cobrir a carne com água fervendo e deixar cozinhar até reduzir a água e a carne ficar macia. Acrescentar o restante da cebola e manter no fogo, virando sempre a carne para não pegar, até formar o molho novamente.

Purê de Vagem

GUARNIÇÃO
cada porção
96 calorias

INGREDIENTES (4 porções)

- 600 gramas de vagem macarrão
- 1 colher de sobremesa de maisena
- 1 colher de sobremesa de manteiga ou margarina
- 1 colher de café de sal
- 1 colher de café de bicarbonato

MODO DE FAZER

Usando uma panela destampada, cozinhar a vagem em água fervendo, sal e bicarbonato (aproximadamente 20 minutos). Escorrer a água do cozimento, reservando um pouco, e cobrir e vagem com água bem fria (se possível, gelada).

Escorrer de novo e levar a vagem ao liquidificador aos poucos, até obter um purê homogêneo (se for necessário, usar um pouco da água do cozimento). Provar de sal.

Levar o purê ao fogo e dar liga com maisena. Apagar o fogo e acrescentar a manteiga ou margarina.

É importante que seja a vagem macarrão; caso não encontre, passar o purê na peneira, depois de bater no liquidificador.

Carne Desfiada

PRATO PRINCIPAL
cada porção
286 calorias

INGREDIENTES (4 porções)

- 800 gramas de lagarto plano limpo
- 1 colher de café de açúcar
- 1 colher de chá de óleo
- 100 gramas de cebola cortada em rodelas grossas
- 1 molho de cebolinhas

INGREDIENTES DA VINHA-D'ALHOS

- 50 gramas de cebola moída
- 5 dentes de alho socados
- ½ colher de sopa de sal
- 1 folha pequena de louro
- 1 colher de sopa de vinagre

MODO DE FAZER

Cortar a carne em tiras largas e deixar na vinha-d'alhos desde a véspera.

Corar o açúcar com óleo, escorrer a carne e levar à panela para corar. Juntar o resíduo da vinha-d'alhos, metade das rodelas de cebola e abafar; acrescentar água fervendo aos poucos até a carne ficar macia e o molho bem corado. Retirar a carne do molho, deixar esfriar e desfiar. Desengordurar o molho e reservar.

Refogar a outra metade das rodelas de cebola, juntar a carne desfiada e ir regando com o molho desengordurado até obter uma carne leve e bem solta. Acrescentar a cebolinha picada larga, inclusive a parte branca.

Quibebe

GUARNIÇÃO
cada porção
67 calorias

INGREDIENTES (4 porções)

- 500 gramas de abóbora madura sem casca e sementes
- 1 colher de chá de óleo
- ½ cebola média
- ½ envelope de adoçante
- 1 dente de alho
- ½ molho de salsa e cebolinha
- Sal a gosto

MODO DE FAZER

Cortar a abóbora em cubos.

Preparar um refogado com óleo, alho, cebola ralada e adoçante.

Juntar a abóbora e deixar cozinhar em fogo brando em uma panela tampada, sem água (ou com pouquíssima água). Quando estiver cozida, amassar até obter um purê homogêneo.

Provar de sal, apagar o fogo e juntar o tempero verde picado.

Carne Ensopada

PRATO PRINCIPAL
cada porção
216 calorias

INGREDIENTES (4 porções)

- 800 gramas de patinho picado em retângulos
- 1 dente grande de alho
- 1 colher de sobremesa rasa de sal
- 1 colher de sobremesa rasa de páprica
- Cebolinha cortada em pedaços grandes (de preferência, só a parte branca)
- 1 colher de sopa de farinha de trigo
- 1 fatia de bacon
- 4 colheres de sopa de suco de tomate
- 1 colher de sobremesa rasa de extrato de tomate
- ½ envelope de adoçante

MODO DE FAZER

Fritar o bacon na panela e escorrer toda a gordura. Fritar a carne na grelha e jogar na panela com o bacon; temperar com sal, páprica, alho e ½ envelope de adoçante.

Quando a carne estiver bem corada, borrifar com a farinha de trigo e continuar corando, revirando com uma colher de pau. Juntar o suco e o extrato de tomate, mexer bem, provar de sal e cobrir com bastante água quente.

Ferver em fogo médio até a carne ficar bem macia e o molho grosso. Apagar o fogo e juntar a cebolinha picada.

Repolho com Manjericão

GUARNIÇÃO
cada porção
37 calorias

INGREDIENTES (4 porções)

- 500 gramas de folhas de repolho sem o talo central
- 100 gramas de cebola cortada em rodelas finas
- 4 colheres de sopa de suco de tomate
- 1 colher de chá de manjericão e tomilho a gosto
- ½ molho de cheiro-verde
- 1 envelope de adoçante
- 1 colher de chá de sal
- 1 colher de café de óleo

MODO DE FAZER

Levar a cebola ao fogo com o adoçante e o óleo até ficar transparente. Juntar ½ copo de água, sal, manjericão, tomilho e suco de tomate, deixar ferver. Apagar o fogo e juntar o cheiro-verde picado.

Colocar as folhas de repolho na panela, cobrir com o molho e levar ao fogo moderado por 1 hora.

Charuto de Couve com Carne Moída

PRATO PRINCIPAL
cada porção
296 calorias

INGREDIENTES (4 porções)

- 600 gramas de folhas de couve escaldadas e sem os talos grossos
- 400 gramas de carne moída
- 5 colheres de sopa rasas de arroz cru
- 1 dente pequeno de alho
- Salsa, cebolinha e hortelã a gosto
- Páprica e sal a gosto
- 1 cebola grande picada
- 150 gramas de tomate picado
- 1 colher de sopa de extrato de tomate
- 1 colher de chá de óleo
- 1 colher de café de molho de soja

MODO DE FAZER

Escaldar as folhas de couve (sem cozinhar), retirando os talos grossos.

Lavar o arroz com antecedência em bastante água, deixando-o úmido.

Preparar o recheio, amassando bem a carne moída com o alho esmagado e o sal, juntar o arroz, a salsa e a cebolinha picadas e um pouco de hortelã macerada (cuidado para não usar em excesso). Acrescentar uma pitada de páprica.

Abrir as folhas de couve, colocar no centro a porção de recheio, enrolar os charutos sem apertar, prender com palito e cozinhar no molho.

Fazer um molho refogando no óleo a cebola, o tomate, o extrato de tomate, a salsa e a cebolinha. Juntar o molho de soja e a água necessária para cobrir bem os charutos e cozinhar o arroz. Aproximadamente 1 hora de cozimento.

Beterraba com Laranja

GUARNIÇÃO
cada porção
55 calorias

INGREDIENTES (4 porções)

- 400 gramas de beterraba cozida cortada em quadradinhos
- ½ xícara de café de vinagre
- 4 colheres de sopa de água
- ½ envelope de adoçante
- 1 colher de chá de margarina
- 1 colher de chá de maisena
- 4 colheres de sopa de suco de laranja
- Raspa de casca de laranja a gosto

MODO DE FAZER

Cozinhar a beterraba picada em quadradinhos em panela destampada até secar a água.

Levar ao fogo a maisena, o vinagre, o sal e o adoçante até aquecer. Juntar a beterraba mexendo levemente.

Deixar esfriar e acrescentar o caldo e a raspa de laranja.

Juntar a margarina e voltar ao fogo apenas para derreter.

Escalopinhos com Pimentão

PRATO PRINCIPAL
cada porção
268 calorias

INGREDIENTES (4 porções)

- 600 gramas de escalopinhos (bifes pequenos de mignon ou alcatra)
- 1 colher de café de margarina
- 150 gramas de pimentão verde
- 1 colher de chá de molho inglês
- 2 colheres de sopa de vinho branco seco
- 100 gramas de cebola picada
- 1 colher de sobremesa de farinha de trigo
- 1 colher de sobremesa de molho de soja
- 1 colher de café de mostarda
- 1 colher de sobremesa de sal
- Páprica a gosto

MODO DE FAZER

Cortar os filés médios de alcatra ou mignon e temperar com sal e páprica apenas na hora de passar na grelha; reservar o caldo.

Corar a cebola picada com a margarina numa panela e juntar o caldo reservado para obter um molho escuro. Torrar a farinha de trigo e desmanchar neste molho. Temperar com os molhos de soja e inglês, a mostarda e o vinho. Passar o molho na peneira.

Juntar os bifes ao molho e deixar ferver (para amaciar). Retirar os bifes, levar o molho ao fogo e, quando estiver fervendo, juntar os pimentões cortados em quadrados médios, deixando ferve por 2 ou 3 minutos. Na hora de servir, colocar os bifes numa travessa e cobrir com o molho bem quente.

Purê Branco

GUARNIÇÃO
cada porção
114 calorias

INGREDIENTES (4 porções)

- 350 gramas de inhame
- 200 gramas de batata-doce
- 100 gramas de cebola ralada
- 1 colher de chá de margarina
- ½ envelope de adoçante

MODO DE FAZER

Cozinhar o inhame e a batata-doce com pouco sal. Passar na máquina de moer carne e também pela peneira.

Refogar a cebola com o adoçante até ficar transparente. Juntar a massa e continuar refogando, pingando água fervente até obter um purê leve. Provar de sal e apagar o fogo. Juntar a margarina e misturar bem.

Guisado Primaveril

PRATO PRINCIPAL
cada porção
224 calorias

INGREDIENTES (4 porções)

- 550 gramas de carne limpa
- 300 gramas de cenoura
- 250 gramas de couve-flor sem as folhas
- 100 gramas de pepino
- 100 gramas de nabo
- Sal e páprica a gosto
- 1 dente de alho
- ⅓ da caixa pequena de suco de tomate
- 1 colher de sobremesa de farinha de trigo
- 1 envelope de adoçante
- 1 ramo de cheiro-verde

MODO DE FAZER

Cortar a carne em pedaços iguais (cubos de 2cm).

Fritá-los em fogo forte, sem gordura. Acrescentar sal, páprica e adoçante.

Quando os pedaços estiverem bem corados, polvilhar com farinha de trigo e deixar corar mais, revirando-os com a colher de pau.

Cobrir a carne com água quente e juntar o cheiro-verde, o alho e o suco de tomate. Cozinhar em fogo brando, mantendo a panela tampada, até a carne ficar macia.

Retirar os pedaços e peneirar o molho.

Numa outra panela, colocar os pedaços de carne, cobrir com os de legumes, despejar o molho peneirado e, então, colocar os raminhos da couve-flor.

Cozinhar em fogo brando por 40 minutos ou até os legumes ficarem cozidos, porém firmes.

Bertalha no Leite

GUARNIÇÃO
cada porção
39 calorias

INGREDIENTES (4 porções)

- 4 molhos de bertalha
- 1 xícara de leite desnatado
- 1 pitada de fondor e manjericão
- 1 colher de sopa de salsa picada

MODO DE FAZER

Cortar as folhas escaldadas ao largo e colocar na panela com o leite, o sal, a salsa, o fondor e o manjericão.

Assim que ferver, diminuir o fogo e deixar cozinhar devagar até quase secar o molho.

Se for preciso, pode dar liga com um pouco de maisena.

Goulash Húngaro

PRATO PRINCIPAL
cada porção
282 calorias

INGREDIENTES (4 porções)

- 600 gramas de carne cortada em cubos grandes (patinho ou chã)
- 200 gramas de cebola picada
- 150 gramas de tomate sem pele e sem sementes
- ½ envelope de adoçante
- 1 colher de chá de óleo ou margarina
- 1 colher de sopa de extrato de tomate
- Páprica a gosto
- ½ colher de sopa de sal
- 1 colher de chá de molho de soja e outra de molho inglês
- 1 molho pequeno de cebolinha cortada em pedaços

MODO DE FAZER

Temperar a carne com o sal e a páprica, deixando repousar por, no mínimo, 4 horas. Pode ser na véspera.

Levar ao fogo a cebola, o óleo e o adoçante e deixar até ficar transparente. Juntar a carne e deixar corar; tampar a panela e diminuir o fogo. Juntar os tomates picados, o extrato de tomate e os molhos e deixar no fogo até formar um molho grosso.

Acrescentar água quente e deixar cozinhar até a carne ficar bem macia, de 1 a 2 horas, até o molho engrossar. Depois de pronto, juntar a cebolinha picada, aproveitando a parte branca.

Repolho Roxo com Maçã

GUARNIÇÃO
cada porção
56 calorias

INGREDIENTES (4 porções)

- 500 gramas de repolho roxo cortado fino
- 200 gramas de maçã ácida
- 100 gramas de cebola picada
- 1 colher de chá cheia de margarina
- 1 dente de cravo-da-índia
- 2 envelopes de adoçante
- 1 colher de chá de mostarda em pasta
- 1 colher de chá de sal

MODO DE FAZER

Picar a maçã descascada e colocar em água com limão. Cortar o repolho.

Levar a margarina ao fogo com a cebola e metade do adoçante, até que a cebola fique transparente. Juntar a maçã picada, a mostarda, o cravo e abafar 5 minutos.

Misturar bem os ingredientes na panela. Colocar o repolho, o restante do adoçante e o sal. Tampar a panela e deixar em fogo brando até o repolho ficar bem macio e brilhante.

Hambúrguer à Slim

PRATO PRINCIPAL
cada porção
299 calorias

INGREDIENTES (4 porções)

- 600 gramas de carne moída
- ½ xícara de chá de leite desnatado
- 2 fatias de pão de forma sem casca
- 2 colheres de chá de sal
- 20 gramas de cogumelos picados
- 1 colher de chá de maisena

MODO DE FAZER

Amassar todos os ingredientes, inclusive o miolo de pão esmagado com leite e os cogumelos picados, até obter uma massa homogênea.

Fazer 4 ou 8 hambúrgueres sobre a tábua de carne, grelhar um por um, pingando água para apurar o caldo.

Fazer um molho do caldo apurado e da água dos cogumelos, engrossando-o com a maisena. Cobrir os hambúrgueres na hora de servir.

Vagem Cremosa

GUARNIÇÃO
cada porção
101 calorias

INGREDIENTES (4 porções)

- 600 gramas de vagem cortada
- 1 colher de sobremesa de margarina
- 2 gemas
- 1 dente de alho
- 100 gramas de cebola picada
- Manjericão e salsa picadinha a gosto

MODO DE FAZER

Escaldar a vagem cortada.

Refogar o alho e a cebola com metade da margarina; juntar a vagem pré-cozida e o manjericão; acrescentar 100ml de água quente e ferver por 5 minutos. Retirar a vagem, coar a água e peneirar os temperos.

Passar as gemas também na peneira, pingar água e bater muito bem na batedeira. Levar a água do cozimento ao fogo até ferver e colocar aos poucos sobre as gemas batidas. Continuar em fogo brando, sempre mexendo e sem deixar ferver, até engrossar. Apagar o fogo, juntar o resto da margarina e a salsa picadinha. Despejar o molho sobre a vagem e misturar com cuidado.

Língua ao Molho Madeira

PRATO PRINCIPAL
cada porção
305 calorias

INGREDIENTES (4 porções)

- 1 língua bovina sem garganta (900 gramas)
- 150 gramas de cebola
- 1 dente de alho
- 1 colher de sopa de vinagre
- 1 ½ colher de sopa de vinho madeira
- 1 folha pequena de louro
- Uma pitada de páprica picante
- 2 colheres de sobremesa de farinha de trigo
- 1 colher de chá de sal

MODO DE FAZER

Escaldar a língua, retirar a pele e levar ao fogo para cozinhar sem sal. Assim que começar a amaciar, retirar da panela, desengordurar o caldo e reservar.

Levar a língua ao fogo, desta vez com sal, alho, cebola, louro e páprica; tampar a panela e deixar por 10 minutos, sacudindo a panela para não pegar; acrescentar o vinagre, cobrir com o caldo fervendo e cozinhar em fogo médio até ficar bem macia.

Retirar a língua, cortar em fatias e reservar.

Desengordurar o molho e passar pela peneira.

Torrar a farinha de trigo (até ficar marrom), juntar o vinho madeira e o caldo desengordurado. Em seguida, levar ao fogo até obter um molho mais ou menos espesso. Provar de temperos. Mergulhar os pedaços de língua no molho e deixar ferver por 15 minutos antes de servir.

Purê de Batatas

GUARNIÇÃO
cada porção
112 calorias

INGREDIENTES (4 porções)

- 600 gramas de batata descascada
- 150 gramas de cebola batida no liquidificador
- 1 colher de sobremesa de margarina
- 2 colheres de sopa de leite
- 1 colher de chá de sal

MODO DE FAZER

Cozinhar as batatas descascadas com sal e pouca água. Reservar a água, passar as batatas ainda quentes na máquina de moer ou espremedor.

Juntar a metade da margarina e bater bem.

Desmanchar o leite em um copo de água do cozimento e amaciar o purê. Se for preciso, juntar mais água do cozimento.

Acrescentar a cebola e levar ao fogo, batendo até soltar da panela; juntar o restante da margarina.

Picadinho à La Strogonoff

PRATO PRINCIPAL
cada porção
273 calorias

INGREDIENTES (4 porções)

- 600 gramas de alcatra cortada para strogonoff
- 150 gramas de cebola picada
- 3 colheres de sobremesa rasas de farinha de trigo
- 1 colher de sopa de margarina
- 3 colheres de sopa de vinho banco
- 1 colher de sobremesa de molho de soja
- 1 colher de café de rum
- 12 cogumelos médios em conserva

INGREDIENTES DO BECHAMEL

- 6 colheres de sopa de farinha de trigo
- 1 colher de chá cheia de margarina
- 1 xícara de leite desnatado
- ½ cebola média ralada
- 1 colher de café de sal
- ½ envelope de adoçante
- Páprica picante e sal a gosto

MODO DE FAZER

Temperar a carne com sal e páprica picante. Passar na farinha de trigo e fritar rapidamente na margarina, sacudindo a panela.

Reservar, mantendo a carne na panela tampada e quente fora do fogo.

Numa frigideira, colocar o adoçante e corar a cebola até ficar quase marrom. Depois, adicioná-la à carne, junto com a água da fritura da cebola, o molho de soja e o vinho branco. Acrescentar o rum e os cogumelos, aproveitando a sua água.

Em seguida, misture os ingredientes do bechamel em uma panela ao fogo até ficar no ponto cremoso. Após, adicione a carne e leve ao fogo mexendo sempre. O molho deve ficar espesso. Se necessário, adicionar um pouco de maisena para ligar.

Se desejar, em vez do bechamel, usar ¼ de copo de iogurte natural e desnatado com 1 colher de chá de maisena.

Desmanchar o iogurte com a maisena, batendo para ficar bem liso, e ir juntando o caldo do picadinho aos poucos, até ficar tudo bem misturado.

Cobrir a carne e levar ao fogo brando, sempre mexendo. Assim que começar a ferver, apagar o fogo.

Batatas Americanas

GUARNIÇÃO
cada porção
140 calorias

INGREDIENTES (4 porções)

- 600 gramas de batata-inglesa cortada em rodelas grossas
- 2 colheres de chá de sal
- 1 copo raso de leite desengordurado
- 1 colher de chá de margarina
- 2 colheres de sopa rasas de queijo parmesão ralado

MODO DE FAZER

Escaldar as batatas com água e sal, sem deixar cozinhar.

Untar ligeiramente um prato refratário com margarina e sobre ele arrumar uma camada de batatas.

Derreter a margarina no leite quente e cobrir as batatas. Polvilhar com todo o queijo e, na hora de servir, levar ao forno quente para corar.

Rolo de Carne

PRATO PRINCIPAL
cada porção
294 calorias

INGREDIENTES (4 porções)

- 600 gramas de patinho limpo e aberto
- 1 dente de alho esmagado
- ½ cebola pequena moída
- Salsa e cebolinha picadas a gosto
- 1 colher de sopa rasa de sal
- Páprica e manjericão
- 25 gramas de fatias finas de presunto
- 1 cenoura pequena em tiras
- 1 colher de café de óleo
- 1 colher de café de açúcar
- 1 xícara de cafezinho de vinho tinto seco

MODO DE FAZER

Preparar uma mistura bem ligada dos temperos.

Abrir a carne em um ou dois panos finos bem batidos. Passar uma camada dos temperos, cobrir com pedaços de presunto e tiras de cenoura. Ir enrolando bem apertado. Amarrar cada rolo (um ou dois) bem firme, usando barbante.

Corar a carne em uma panela untada com o óleo e o açúcar. Depois, regar com vinho e cozinhar em fogo baixo, cobrindo com água quente aos poucos, até que fique bem macia.

Servir em fatias.

Pudim de Banana

GUARNIÇÃO
cada porção
113 calorias

INGREDIENTES (4 porções)

- 500 gramas de banana-prata bem madura e sem casca
- 2 colheres de sobremesa de farinha de mandioca fina
- ½ envelope de adoçante
- 1 colher de café rasa de sal
- Uma pitada de páprica doce
- Um pouco de farinha de rosca e margarina para untar a forma.

MODO DE FAZER

Amassar as bananas e juntar a farinha de mandioca, o adoçante, o sal e a páprica.

Untar uma forma de canudo pequena com margarina e farinha de rosca. Colocar a massa de banana, salpicar um pouco mais de farinha de rosca e assar em banho-maria.

Rosbife com Alcaparras

PRATO PRINCIPAL
cada porção
438 calorias

INGREDIENTES (6 porções)

- 900 gramas de maminha de alcatra
- 1 colher de sobremesa de sal
- ½ colher de café de páprica ou pimenta-do-reino moída
- 1 colher de chá de margarina
- 1 colher de chá de maisena

MODO DE FAZER

Limpar a maminha acertando as pontas e temperar com sal e páprica ou pimenta, deixando descansar por, no mínimo, 2 horas.

Amarrar a carne formando o rolo, untar com manteiga ou margarina, colocar numa assadeira pequena e levar ao forno bem quente durante 25 minutos.

Retirar do forno, cortar em fatias, aparar o caldo e o resíduo da assadeira, aumentar com água para obter 1 copo, acrescentando molho inglês e sal, se necessário.

Se quiser servir com molho simples, basta engrossar o caldo apurado com a maisena. Mas se desejar preparar um delicioso molho de alcaparras, corar na panela 1 colher de café de farinha de trigo até ficar bem marrom, sem queimar. Ainda quente, juntar 1 colher de café de manteiga ou margarina, 5 colheres de sopa de vinho tinto e desmanchar com o caldo já apurado.

Coar em peneira fina, acrescentar uma colher de sopa cheia de alcaparras e levar ao fogo, mexendo sempre até engrossar. Provar de sal e cobrir as fatias de rosbife.

Forminhas de Vagem

GUARNIÇÃO
cada porção
91 calorias

INGREDIENTES (4 porções)

- 600 gramas de vagem picada
- 1 xícara de leite desnatado
- 2 ovos
- Sal e fondor a gosto
- 1 colher de café rasa de bicarbonato

MODO DE FAZER

Cozinhar a vagem com água, sal e bicabornato, escorrer em seguida.

Desmanchar os ovos com a faca, juntar o leite, temperar com sal e fondor, misturar bem e coar sobre a vagem.

Assar em forminhas ligeiramente untadas, em banho-maria.

Trouxinha de Repolho com Carne Moída

PRATO PRINCIPAL

cada porção
275 calorias

INGREDIENTES (4 porções)

- 600 gramas de folhas de repolho escaldada
- 350 gramas de carne moída crua
- 150 gramas de tomate sem pele e sem sementes
- 120 gramas de cebola picada
- 2 dentes de alho socados
- 1 ½ colher de sobremesa de extrato de tomate
- 1 colher de café de óleo
- 1 pimentão pequeno picado
- 2 colheres de chá rasas de sal, adoçante, páprica, salda e orégano
- 1 envelope de adoçante
- 1 colher de café de páprica
- Salsa e orégano a gosto

INGREDIENTES DO MOLHO

- ⅔ de caixa pequena de suco de tomate
- ½ dente de alho esmagado
- Orégano e adoçante a gosto

MODO DE FAZER

Colocar na panela a carne com o óleo, o alho, a cebola e os tomates picados; juntar o adoçante, o orégano, a páprica e o sal; refogar, mexendo sempre, até a carne ficar bem solta.

Acrescentar o extrato de tomate e ½ copo de água quente; deixar cozinhar em fogo brando até obter um molho bem grosso. Juntar o pimentão picado.

Escaldar o repolho em água e sal e separar as folhas, retirando o talo grosso, sem rasgar, reservar.

Rechear cada folha com uma porção do recheio e prender com palito, formando uma trouxa.

Cozinhar as trouxinhas no molho de tomate e retirar os palitos para servir.

Para preparar o molho, levar o suco de tomate ao fogo, acrescentar o adoçante e mexer com cuidado até ferver. Acrescentar o alho, o orégano e água suficiente para fazer 1 copo de molho.

Nabos Glacê

GUARNIÇÃO
cada porção
18 calorias

INGREDIENTES (4 porções)

- 350 gramas de nabos japoneses limpos
- 2 envelopes de adoçante
- Sal a gosto

MODO DE FAZER

Descascar e cortar os nabos em juliana um pouco mais grossa; cozinhar em água e sal e escorrer a água. Voltar os nabos para a panela e cobri-los com água quente e adoçante. Deixar ferver por 15 minutos.

Virado de Carne com Agrião

PRATO PRINCIPAL
cada porção
274 calorias

INGREDIENTES (4 porções)

- 550 gramas de carne moída
- 5 colheres de sopa de cebola picada
- 7 colheres de sopa de tomate maduro picado
- 1 dente de alho socado
- 1 colher de café de óleo
- 1 colher de sopa de extrato de tomate
- 1 colher de café de molho de soja e de vinagre
- Uma pitada de páprica picante
- 400 gramas de agrião picadinho (inclusive os talos)
- ½ envelope de adoçante
- ½ colher de sopa de sal

MODO DE FAZER

Refogar a carne na panela com óleo, alho, cebola, tomate, sal, páprica e adoçante mexendo até a carne ficar bem solta e corada.

Acrescentar o extrato de tomate com o vinagre e a soja, refogando por mais 5 minutos. Cobrir bem com água fervendo (aproximadamente 1 copo) e deixar cozinhando em fogo brando até obter um molho bem grosso.

Juntar o agrião, que já deve estar preparado com antecedência, e mexer rapidamente para misturar, deixar cozinhar por 5 minutos e retirar do fogo.

Polenta

GUARNIÇÃO
cada porção
72 calorias

INGREDIENTES (4 porções)

- 60 gramas de fubá fino
- 1 colher de café de óleo
- Sal e alho esmagado a gosto

MODO DE FAZER

Levar o alho esmagado com o óleo ao fogo e refogar sem escurecer. Acrescentar um copo e meio de água fervendo e ir juntando o fubá, desmanchado em um copo ou mais de água fria (deve ficar bem grosso).

Manter a panela em fogo brando até que o fubá fique bem cozido (soltando da panela); mexer de vez em quando. Proteja-se com a tampa da panela, pois a polenta costuma respingar.

Bife à Parmegiana com Berinjela Frita

PRATO PRINCIPAL
cada porção
344 calorias

INGREDIENTES (4 porções)

- 4 bifes de 130 gramas cada um
- 1 colher de chá de sal
- 1 dente de alho
- Uma pitada de páprica
- 1 colher de sopa de vinagre
- 120 gramas de mozarela ralada
- 5 colheres de chá de queijo parmesão
- 1 ovo
- 2 colheres de sobremesa de farinha de trigo
- 1/3 de xícara de leite desnatado

INGREDIENTES DO MOLHO

- 3/4 de xícara de suco de tomate
- 1 colher de café de sal
- 1/2 envelope de adoçante
- 2 colheres de sopa de molho de soja
- Orégano e páprica a gosto
- 1 copo pequeno de água (150 ml)
- 1 colher de café de maisena

INGREDIENTES DA BERINJELA FRITA

- 500 gramas de berinjela cortada em fatias longitudinais
- 1 colher de chá de sal
- Óleo para untar a grelha ou frigideira
- Farinha de trigo para secar as fatias
- 1 1/2 colher de sopa de queijo parmesão ralado

MODO DE FAZER

Temperar os bifes bem batidos com sal, alho, páprica e vinagre. Deixar marinar por 2 horas.

Preparar a massa com o ovo, a farinha de trigo e o leite desnatado.

Enxugar os bifes, passar na massa, e escorrer, fritar na grelha ou frigideira antiaderente e reservar.

Preparar o molho, levando o suco de tomate ao fogo com o adoçante. Deixar ferver por 3 minutos, apagar o fogo e acrescentar o orégano, a páprica, o sal, a soja e a água. Deixar ferver por mais 1 minuto e dar liga com a maisena.

Esfregar as fatias de berinjela com a porção de sal indicada e deixar 15 minutos. Secar as fatias com toalha de papel, para tirar o excesso de sal e água. Passar ligeiramente na farinha de trigo e fritar na grelha ou frigideira antiaderente, corando os dois lados.

Colocar a berinjela frita numa travessa refratária e cobrir com 1 ½ colher de queijo parmesão. Arrumar os bifes sobre a berinjela, cobrir com a mozarela, o molho e as 5 colheres de chá de queijo parmesão ralado.

Na hora de servir, levar ao forno para gratinar.

Bolo de Cenoura Recheado com Carne e Bertalha

PRATO ESPECIAL
cada porção
342 calorias

INGREDIENTES (4 porções)

- 600 gramas de cenoura cozida e moída
- 2 ovos inteiros
- 1 copo pequeno de leite desnatado (150ml)
- ½ tablete de caldo de carne concentrado
- 1 colher de sobremesa de maisena
- 3 colheres de sopa de queijo parmesão ralado (2 na massa, 1 para polvilhar)
- Orégano ou manjericão a gosto

INGREDIENTES DO RECHEIO DE CARNE

- 350 gramas de carne moída
- 70 gramas de tomate sem pele e sem sementes
- ½ cebola pequena picada
- 1 colher de sopa rasa de extrato de tomate
- 1 dente grande de alho amassado
- 2 colheres de chá de óleo
- 1 colher de chá de sal
- Molho de soja, páprica e cheiro-verde picado a gosto
- ½ envelope de adoçante

INGREDIENTES DO RECHEIO DE BERTALHA

- 500 gramas de folhas de bertalha (4 molhos grandes)
- ½ copo de leite desnatado
- Salsa picadinha, sal e fondor a gosto

MODO DE FAZER

Bater os ovos no liquidificador por 2 minutos. Juntar o leite, o concentrado de carne, a maisena, as 2 colheres de queijo, o orégano ou manjericão, a cenoura moída e bater mais um pouco. Para preparar o recheio de carne, colocar na panela a carne, o tomate, a cebola e o alho. Refogar bem até o tomate e a cebola desaparecerem, tendo o cuidado de soltar bem a carne.

Despejar a metade da massa em um refratário, rechear com a carne e com a bertalha, cobrir com o restante da massa e polvilhar com o queijo parmesão. Levar ao forno pré-aquecido por aproximadamente 30 minutos antes de servir.

Acrescentar o extrato de tomate, a páprica, o molho de soja, cheiro-verde e refogar. Juntar 1 copo de água fervendo e deixar no fogo até a água reduzir.

Para fazer o recheio de bertalha, cortar as folhas escaldadas e colocar na panela com o leite, o sal e o fondor. Assim que ferver, diminuir o fogo e deixar cozinhar em fogo brando até que esteja quase seco. Antes de usar, retirar as folhas e escorrer todo o caldo na peneira.

Panquecas de Carne ao Sugo

PRATO ESPECIAL
cada porção
300 calorias

INGREDIENTES DA MASSA (4 porções)

- 2 ovos
- 15 colheres de sobremesa de farinha de trigo
- 1 ¼ copo de leite desnatado

INGREDIENTES DO RECHEIO

- 200 gramas de carne moída
- ½ cebola picada
- 2 tomates sem pele e sem sementes
- 1 envelope de adoçante
- 1 colher de café de sal
- 1 colher de sobremesa de extrato de tomate
- Molhos de soja e inglês a gosto
- 12 azeitonas pretas picadas

INGREDIENTES DO MOLHO

- 100 gramas de tomate maduro e cortado
- 2 dentes de alho amassados
- 1 colher de chá de extrato de tomate
- Adoçante, sal e molho de soja a gosto
- 1 colher de café de margarina
- 4 colheres de chá de queijo parmesão ralado para polvilhar as panquecas

MODO DE FAZER

Para obter a massa bem fina, desmanchar os ovos com uma faca, juntar a farinha aos poucos e misturar bem; acrescentar o leite pouco a pouco e passar pela peneira. Fazer as panquecas colocando quantidades iguais de massa numa frigideira antiaderente com mais ou menos 18cm de diâmetro, ligeiramente untada.

Deve render 12 unidades.

Preparar o molho de tomate colocando todos os ingredientes na panela e mexendo no fogo até homogeneizar.

Fazer o recheio colocando numa panela a carne moída, os tomates, o adoçante, o sal e a cebola. Mexer bem, deixando em fogo forte até a carne corar e ficar bem solta. Acrescentar o extrato de tomar e os molhos de soja e inglês, misturar bem e cobrir com água quente. Manter no fogo até secar a água, mas sem ressecar o molho. Juntar as azeitonas picadas, deixar esfriar e rechear as panquecas.

Arrumar as panquecas numa travessa refratária, cobrir com o molho de tomate, polvilhar com o queijo parmesão e levar ao forno por 15 minutos antes de servir.

Torta de Berinjela Recheada com Carne

PRATO ESPECIAL
cada porção
269 calorias

INGREDIENTES (4 porções)

- 1 quilo de berinjela fatiada
- 1 colher de chá de sal para untar as fatias
- Óleo para untar a grelha
- 2 fatias de pão torrado (*crotons*)
- 5 colheres de sopa de queijo parmesão ralado
- 1 porção de bechamel
- 1 gema

INGREDIENTES DO RECHEIO

- 400 gramas de carne moída
- 80 gramas de tomate sem pele e sem sementes
- Orégano, páprica e molho de soja a gosto
- 1 colher de chá de extrato de tomate
- 2 xícaras de água fervendo

INGREDIENTES DO BECHAMEL

- 1 colher de café de margarina
- 1 colher de sobremesa de farinha de trigo
- 1 cebola pequena picada
- 1 copo de leite desnatado

MODO DE FAZER

Cortar a berinjela descascada em fatias médias; polvilhar com o sal e deixar de lado por uns 15 minutos. Tirar o excesso de sal e de água com toalha de papel; fritar em frigideira antiaderente, untando com óleo e corando os dois lados. Dividir em duas porções.

Preparar o molho com a carne moída, colocando todos os ingredientes na panela, exceto o extrato de tomate e o molho de soja. Corar bem, acrescentar a água e deixar cozinhar; juntar o extrato e o molho de soja e reservar.

Picar o pão em cubinhos e torrar (*crotons*). Dividir em duas porções.

Espalhar uma das porções no fundo de uma travessa refratária, cobrir com a metade do molho de carne, acrescentar metade das fatias de berinjela e cobrir com ⅓ do queijo parmesão. Repetir as camadas com o resto do molho das berinjelas e mais ⅓ do queijo.

Bater bem as gemas com uma colher de café de água e misturar com o bechamel. Cobrir o refratário com a mistura e salpicar o resto dos *crotons* e do queijo por cima. Na hora de servir, colocar em forno pré-aquecido durante 40 minutos ou até a capa ficar dourada e tostada.

4 | AVES

Assado com pele e regado com molho de laranja. Um pecado! Nada tão adorável quanto este franguinho servido com farofa de ameixa. É o meu preferido quando escolho cair no pecado e depois me penitenciar, passando um dia inteiro só com líquidos.

Fora este deslize, o frango que como é sempre grelhado ou ensopado, sem nenhuma gordura. Tiro até mesmo aquelas amarelinhas que ficam dentro das articulações da coxa. Asinha, assada ou ensopada, é proibida para quem faz dieta, pois quando se retira a pele, sobra apenas o osso.

Mas há horas em que não dá para resistir. Olho para um lado e para o outro, ninguém me observando, sorrateiramente acabo me atracando com uma daquelas asinhas bem saborosas.

Felizmente isto não precisa acontecer com frequência. Aprendi que é possível preparar uma excelente carne de ave e obter um prato de baixa caloria.

Almôndegas de Frango

PRATO PRINCIPAL
cada porção
156 calorias

INGREDIENTES (4 porções)

- 600 gramas de carne de frango moída
- 1 colher de sopa de farinha de trigo
- 2 colheres de sopa de cheiro-verde picadinho
- 2 fatias de pão de forma sem casca
- 1 colher de chá rasa de sal

INGREDIENTES DO MOLHO

- 200 gramas de tomate maduro sem pele e sem sementes
- 100 gramas de cebola picada
- 1 colher de café de margarina
- 1 colher de sobremesa de molho de soja
- ½ envelope de adoçante
- ¼ de lata pequena de massa de tomate
- 1 xícara de chá de caldo de galinha
- 1 pitada de sal

MODO DE FAZER

Amassar a carne, o pão umedecido em água quente (se necessário, passar na peneira), o sal e o cheiro-verde bem picadinho, até obter uma massa bem ligada.

Fazer as bolinhas em múltiplo de 4, passar ligeiramente na farinha de trigo e cozinhar no molho em fogo baixo.

Para preparar o molho, levar os tomates e as cebolas ao fogo com a margarina, o adoçante e o sal, refogando rapidamente.

Desmanchar a massa de tomate com o caldo de galinha, juntar o molho de soja e despejar sobre os demais temperos. Deixar ferver por 3 minutos, diminuir o fogo, colocar as almôndegas e cozinhá-las em panela tampada.

Miscelânea de Legumes

GUARNIÇÃO
cada porção
101 calorias

INGREDIENTES (4 porções)

- 350 gramas de abobrinha com casca e sem sementes
- 200 gramas de batata-inglesa
- 200 gramas de cenoura ralada
- 1 cebola pequena ralada
- 4 tomates médios sem pele e sem sementes
- 1 colher de chá de margarina
- 1 colher de café de maisena
- ½ colher de sopa rasa de sal
- 1 envelope de adoçante
- 1 pitada de páprica doce
- 1 molho de salsa picada

MODO DE FAZER

Desmanchar os tomates em fogo brando com ⅓ da margarina e o adoçante; juntar a cebola ralada, o sal, a páprica e manter no fogo, com a panela tampada, por 10 minutos.

Colocar na panela pela ordem a cenoura, a batata e a abobrinha em pedaços, mantendo a panela tampada em fogo baixo, sem água.

Quando os legumes estiverem cozidos, misturá-los bem e deixar no fogo, com a panela aberta, por mais 5 minutos.

Passar tudo junto pela máquina de moer carne (ralo grosso) e deixar escorrendo na peneira.

Ligar o molho que ficou na panela com a maisena e juntar os legumes escorridos, mexendo até aparecer o fundo da panela. Apagar o fogo e juntar o restante da margarina e a salsa picada.

Assado de Frango

PRATO PRINCIPAL
cada porção
232 calorias

INGREDIENTES (4 porções)

- 800 gramas de peito especial (2 unidades)
- ½ xícara de calda de laranja
- 1 xícara de vinho branco seco
- 1 colher de sobremesa de sal
- 1 colher de chá de mostarda em pasta
- 1 colher de chá de farinha de trigo levemente torrada

MODO DE FAZER

Limpar os peitos de frango, deixando o osso central e retirando a pele; esfregar com a mistura de sal e mostarda em pasta e deixar marinar de véspera.

Arrumar os peitos em tabuleiro ligeiramente untado com margarina, regar com a metade do caldo de laranja misturado com o vinho e cobrir com papel laminado.

Levar ao forno por 30 minutos, regando os pedaços com o caldo; quando a carne estiver macia, retirar do forno.

Despejar o molho numa panela e, com um pouco de água quente, retirar o resíduo do tabuleiro.

Desengordurar o caldo, completar 1 copo com o caldo de frango e o resto de caldo de laranja.

Levar ao fogo para obter um molho consistente, engrossando com a farinha de trigo torrada.

Purê de Agrião

GUARNIÇÃO
cada porção
79 calorias

INGREDIENTES (4 porções)

- 500 gramas de abobrinha limpa
- 1 cebola pequena
- 200 gramas de batata-inglesa descascada
- 200 gramas de agrião picadinho com talo
- Sal a gosto
- ½ tablete de caldo concentrado de galinha
- 1 envelope de adoçante

MODO DE FAZER

Refogar a cebola com o adoçante, a abobrinha, a batata-inglesa e o caldo concentrado de galinha. Passar na máquina de moer carne com o disco mais fino e levar ao fogo para reduzir a água.

Quando estiver soltando da panela, juntar o agrião picado. Deixar no fogo por mais ou menos 5 minutos para misturar bem.

Coq-Au-Vin

PRATO PRINCIPAL
cada porção
268 calorias

INGREDIENTES (4 porções)

- 8 sobrecoxas de frango
- 1 cubo grande de carne de ave defumada (2cm x 2cm)
- 8 cebolas para conserva ou 2 médias
- 1 dente grande de alho
- 3 colheres de sopa de álcool de cereais
- 12 cogumelos médios e frescos
- 2 colheres de café de margarina
- ½ xícara de vinho branco seco
- 1 colher de café de farinha de trigo
- 1 amarrado de salsa e cebolinha

MODO DE FAZER

Corar o cubo de frango defumado e as cebolas inteiras em metade da margarina; juntar os pedaços de frango, o alho esmagado, a salsa, a cebolinha e os cogumelos frescos. Deixar dourar em fogo forte, mantendo a panela tampada. Desengordurar o molho, cobrir o frango com o álcool (afastado do fogo) e flambar. Acrescentar o vinho e cozinhar em fogo forte. Pingar água até amaciar.

Quando estiverem macios, retirar os pedaços de frango e aumentar o molho, ligando-o com a outra colher de margarina amassada e a farinha de trigo. Cobrir os pedaços de frango com o molho.

Espuma de Couve-Flor

GUARNIÇÃO
cada porção
65 calorias

INGREDIENTES (4 porções)

- 500 gramas de couve-flor sem talo
- 2 colheres de sopa rasas de leite em pó desnatado
- Raspa de noz-moscada
- 1 colher de chá de sal

MODO DE FAZER

Colocar a couve-flor na panela com o leite em pó, o sal e uma pitada de noz-moscada; cobrir com água e ferver por 40 minutos.

Escorrer todo o líquido e bater a couve-flor rapidamente no liquidificador. Deve ficar um purê. Servir bem quente.

Escalopinhos de Frango

PRATO PRINCIPAL
cada porção
140 calorias

INGREDIENTES (4 porções)

- 600 gramas de bifes finos de peito de frango
- 1 colher de chá de margarina
- ½ colher de sopa de sal e páprica doce
- 1 colher de sopa de vinho branco seco
- 1 colher de sopa de álcool de cereais
- 1 cebola média
- 1 colher de chá de maisena
- 1 colher de sopa de molho de soja
- ½ colher de chá de molho inglês
- ½ colher de chá de mostarda
- 1 colher de sopa de passas
- 6 cogumelos médios picados

MODO DE FAZER

Temperar os bifes com sal e páprica doce e passar na grelha, guardando o caldo.

Fritar a cebola na margarina e juntar ao caldo reservado; completar com água ⅔ do copo de caldo; acrescentar os molhos de soja e inglês, a mostarda, álcool e o vinho branco. Ferver até a cebola amaciar. Passar o molho na peneira, juntar a maisena e levar ao fogo. Quando estiver fervendo, acrescentar os bifes e continuar a ferver por mais 30 minutos ou até ficarem macios. Juntar as passas e os cogumelos ao molho e cobrir os bifes.

Salada Campestre

GUARNIÇÃO
cada porção
97 calorias

INGREDIENTES

- 200 gramas de vagem
- 120 gramas de cogumelo
- 1 maçã pequena
- 120 gramas de cenoura ralada
- ⅓ da lata de milho em conserva
- 1 pepino grande
- Cebolinha picada (parte branca)
- 1 envelope de adoçante

INGREDIENTES DO MOLHO VINAGRETE

- 1 colher de sobremesa de azeite
- 1 colher de sobremesa de vinagre
- ½ xícara de café de caldo concentrado de ave
- 2 colheres de chá de suco de limão
- Sal e pimenta branca a gosto
- 1 pitada de adoçante

MODO DE FAZER

Cortar a vagem em navetes finas, os cogumelos em lâminas finas e a polpa do pepino (sem casca e sem sementes) em cubos pequenos. Cortar a maçã em cubos e colocar em água com uma colher de sal.

Cozinhar a vagem e o pepino *al dente*, separadamente (2 minutos cada um). Escorrer a maçã e escaldar com o adoçante, sem deixar cozinhar. Misturar todos os ingredientes (vagem, cogumelos, pepino e maçã) e temperar com o molho vinagrete, juntar a cebolinha picada e arrumar numa travessa.

Ralar a cenoura, espremer e distribuir à volta da salada. Salpicar o milho sobre a salada.

Frango Agridoce

PRATO PRINCIPAL
cada porção
171 calorias

INGREDIENTES (4 porções)

- 600 gramas de peito de frango cortado em cubos
- ½ colher de sopa de sal
- 1 colher de sopa de molho de soja
- 1 ovo pequeno
- 1 colher de sopa de maisena
- 2 colheres de sopa de água
- 1 cebola pequena
- 1 pimentão (½ verde, ½ vermelho)

INGREDIENTES DO MOLHO

- 2 envelopes de adoçante
- 1 colher de sopa de vinagre
- 1 colher de sobremesa de maisena
- 1 colher de sopa de molho de soja
- 1 colher de sopa do suco de tomate
- 1 colher de sopa de água
- 1 colher de sopa de caldo de laranja

MODO DE FAZER

Cortar a carne em cubos, esfregar com sal, acrescentar o molho de soja e deixar descansar por 1 hora. Cortar a cebola em rodelas finas e o pimentão em tiras; reservar.

Formar massa com o ovo, a maisena e água. Passar os pedaços de frango na massa e colocar em tabuleiro ligeiramente untado; levar ao forno bem quente (20 minutos). Preparar o molho enquanto o frango estiver no forno, para que possa receber a carne ainda quente.

Misturar os ingredientes do molho em uma tigela, reservando 1 envelope de adoçante.

Levar as rodelas de cebola ao fogo com 1 envelope de adoçante, mexendo sempre para não queimar; mexer a mistura do molho e despejar na panela junto com os pimentões; mexer até que o molho engrosse. Assim que o frango estiver cozido, soltar os pedaços com um garfo, colocar no molho e virar delicadamente (sempre em fogo brando).

Repolho Branco com Maçã e Passas

GUARNIÇÃO
cada porção
102 calorias

INGREDIENTES (4 porções)

- 600 gramas de repolho branco
- 200 gramas de cebola picada
- 1 envelope de adoçante
- 1 colher de chá de sal
- 200 gramas de maçã ácida picada
- 2 colheres de chá de margarina
- ½ xícara de caldo de frango desengordurado
- 20 gramas de passa sem caroço

MODO DE FAZER

Levar ao fogo a cebola com a margarina, o adoçante e o sal, refogando sem deixar queimar. Juntar a maçã picada e o repolho, regar com o caldo de galinha e abafar a panela até o repolho murchar e a maçã desmanchar.

Juntar as passas e deixar o repolho cozinhar bem.

Frango com Brócolis à Indiana

PRATO PRINCIPAL
cada porção
176 calorias

INGREDIENTES (4 porções)

- 8 coxas de frango (aproximadamente, 1 quilo)
- 100 gramas de tomate maduro
- 100 gramas de cebola
- 1 colher de chá de extrato de tomate
- 1 colher de sobremesa de sal
- ½ colher de café de mostarda em pó e páprica picante
- 1 dente de cravo-da-índia
- 1 colher de café de margarina
- 1 colher de sopa rasa de farinha de trigo
- 2 molhos de brócolis sem folhas
- ½ colher de café de bicarbonato

MODO DE FAZER

Temperar o frango com o sal, a mostarda, a páprica picante e o dente de cravo-da-índia. Deixar marinar de um dia para o outro.

Escaldar os brócolis com o sal e o bicarbonato e reservar só as flores e os talos.

Corar os pedaços de frango e cobri-los com o refogado, já preparado com o extrato de tomate, as cebolas em rodelas e os tomates picados (sem pele e sem sementes). Deixar cozinhar, juntando água aos poucos, até amaciar. Desfiar a carne (em pedaços grandes) e reservar.

Levar os ossos ao fogo com um pouco de água e retirar o caldo. Aumentar o molho do ensopado com esse caldo, completando ½ litro.

Juntar o frango desfiado ao caldo e provar de sal.

Quando começar a ferver, acrescentar os brócolis picados (talos e flores), sacudir a panela para misturar e deixar ferver de 15 a 20 minutos.

Corar a farinha de trigo, juntar a margarina e engrossar o molho.

Paçoca de batata

GUARNIÇÃO
cada porção
125 calorias

INGREDIENTES (4 porções)

- 450 gramas de batata-inglesa
- 100 gramas de cebola
- 200 gramas de tomate
- 1 colher de sopa bem cheia de suco de tomate
- 1 colher de café de margarina
- Sal e adoçante a gosto
- Fondor

MODO DE FAZER

Cortar as batatas em cubos grandes e deixar na água (gelada, de preferência).

Preparar o refogado com as cebolas, os tomates picados (sem pele e sem sementes), o adoçante, uma pitada de sal e a margarina. Depois, acrescentar o suco de tomate e o fondor, provar de sal e de adoçante.

Juntar as batatas, escorridas, ao refogado, abafar a panela e manter em fogo brando até que estejam cozidas, pingando água durante o cozimento para não pegar no fundo. Cuidado para não amassar as batatas.

Frango ao Curry

PRATO PRINCIPAL
cada porção
256 calorias

INGREDIENTES (4 porções)

- 600 gramas de filé de frango cortado ao meio
- 100 gramas de tomate maduro sem pele e sem sementes
- 100 gramas de cebola picada
- 1 colher de chá de sal
- 1 colher de chá de páprica doce
- 1 colher de sobremesa de extrato de tomate
- 1 colher de sobremesa de molho de soja
- 1 colher de chá de curry em pó
- ½ quilo de maçã ácida
- 1 colher de chá de margarina
- 1 colher de sopa de farinha de trigo

MODO DE FAZER

Colocar na panela os filés de frango; acrescentar os tomates, as cebolas, o extrato de tomate, o molho de soja, a páprica e o sal; levar ao fogo até corar. Cobrir com água fervendo e deixar no fogo até a carne do frango ficar tenra.

Retirar a carne e reservar; apurar o caldo, juntando mais água até completar 1 ½ copo, e passar pela peneira com todos os temperos.

Colocar na panela a maçã em pedaços, a margarina e a farinha de trigo, levar ao fogo brando até desmanchar a maçã. Juntar o caldo apurado e manter no fogo até desmanchar toda a massa. Temperar com curry, juntar o frango, deixar ferver por 20 minutos e apagar o fogo.

Arroz à Grega

GUARNIÇÃO
cada porção
214 calorias

INGREDIENTES (4 porções)

- 400 gramas de arroz branco cozido
- 100 gramas de cenoura picada
- ½ lata de ervilha com conservar
- 2 pimentões (verde e vermelho) picados
- 40 gramas de passa sem caroço
- 1 colher de sopa de margarina
- Salsa e cebolinha picadas
- Sal e adoçante

MODO DE FAZER

Cortar a cenoura em cubos pequenos, cozinhar com pouco sal e adoçante.

Preparar o arroz branco com alho e cebola, bem solto.

Cortar os pimentões em cubinhos, escorrer as ervilhas e reservar.

Levar ⅓ da margarina ao fogo com a cebola e deixar ficar transparente, sem corar. Juntar todos os legumes e as passas. Deixar no fogo brando por uns 15 minutos. Apagar o fogo, juntar o arroz bem quente e solto, acrescentar o resto da margarina, a salsa e a cebolinha. Misturar bem.

Frango Desfiado

PRATO PRINCIPAL

cada porção
188 calorias

INGREDIENTES (4 porções)

- 2 peitos grandes de frango (700 gramas)
- 100 gramas de cebola (metade ralada, metade em rodelas)
- 1 colher de sobremesa de sal
- Pitadas de páprica doce, fondor e alecrim
- 1 colher de chá de margarina
- 2 dentes de alho pequenos

MODO DE FAZER

Temperar o frango com sal, alho, fondor, páprica e alecrim (tudo bem socado junto) e cebola ralada; deixar marinar de véspera (de 10 a 12 horas). Cozinhar os peitos de frango, colocando-os no fogo com água fria e em panela tampada. Assim que estiverem cozidos, retirar do fogo e deixar o caldo reduzir a 1 xícara; desengordurar.

Desfiar os peitos de frango como roupa-velha (ver como fazer nas Dicas). Levar ao fogo a cebola em rodelas finas com margarina e adoçante. Assim que as rodelas ficarem transparentes, juntar a carne de frango desfiada, mexer e ir regando com o caldo apurado até ficar bem solta e úmida.

Cenoura com Maçã

GUARNIÇÃO
cada porção
74 calorias

INGREDIENTES (4 porções)

- 600 gramas de cenoura cortada em cubos
- 300 gramas de maçã ácida cortada em cubos
- 1 colher de chá de erva-doce
- 2 copos de água
- Sal e adoçante
- 2 colheres de café de margarina

MODO DE FAZER

Fazer um chá de erva-doce bem fraco, temperar com sal, adoçante e levar ao fogo. Quando estiver fervendo, jogar sobre as cenouras e deixar cozinhar em fogo forte, com a panela destampada.

Escorrer toda a água do cozimento e na mesma água escaldar a maçã aos poucos, retirando-as assim que a água ferver.

Misturar, sacudindo as cenouras e as maçãs. Ferver o caldo do cozimento para reduzir a 1 xícara. Apagar o fogo, juntar a margarina e regar as cenouras e as maçãs.

Frango Empanado com Catupiri

PRATO PRINCIPAL
cada porção
218 calorias

INGREDIENTES (4 porções)

- 600 gramas de filé de frango
- 1 cebola grande
- ½ envelope de adoçante
- 1 colher de chá de sal
- Uma boa pitada de mostarda em pó
- Uma pitada de páprica doce
- ⅕ de requeijão catupiri pequeno
- 1 gema
- 2 colheres de sopa rasas de queijo parmesão ralado
- 3 colheres de sopa rasas de farinha de trigo

MODO DE FAZER

Dividir os filés de frango ao meio, temperar com sal, mostarda e páprica, deixando marinar de 4 a 6 horas. Acrescentar a cebola com o adoçante. Levar os filés ao forno cobertos com papel-alumínio até amaciar (30 minutos, aproximadamente). Retirar o frango e reservar; apurar e desengordurar o caldo do tabuleiro e completar ½ copo (usando caldo de frango tirado de ossos ou de concentrado).

    Bater a gema, juntar a farinha, misturar bem e reservar. Levar o caldo ao fogo e, quando estiver fervendo, desmanchar o queijo catupiri e adicioná-lo à gema batida.

    Envolver os pedaços de frango com a massa e colocar em tabuleiro untado com margarina. Polvilhar com o queijo parmesão ralado e levar ao forno quente por 15 minutos antes de servir.

Bolo de Temperos

GUARNIÇÃO
cada porção
126 calorias

INGREDIENTES (4 porções)

- 400 gramas de temperos verdes picados (salsa, cebolinha e coentro)
- ½ cebola picada
- 2 pimentões pequenos
- 100 gramas de tomate picado
- 12 azeitonas verdes picadas
- 2 colheres de sobremesa de farinha de trigo
- 1 colher de café de fermento em pó
- 2 ovos

MODO DE FAZER

Cortar a salsa, a cebolinha, o coentro e a azeitona bem miudinhos; a cebola, o tomate e o pimentões em quadradinhos. Misturar tudo, menos os ovos, a farinha e o fermento.

Bater as claras em neve, misturar as gemas e continuar batendo; em seguida, juntar a farinha peneirada com o fermento e misturar aos demais ingredientes.

Assar em 4 formas de empadinha untadas e polvilhadas com farinha de trigo por mais ou menos 30 minutos.

Frango Ensopado

PRATO PRINCIPAL

cada porção
176 calorias

INGREDIENTES (4 porções)

- 600 gramas de carne de frango sem pele e sem os ossos (reservar a pele e os ossos)
- 5 colheres de sopa de suco de tomate
- 150 gramas de cebola ralada
- 1 colher de sobremesa de molho de soja
- 1 colher de chá de sal
- 1 dente de alho
- Alecrim a gosto

MODO DE FAZER

Temperar o frango com sal, alho e alecrim; deixar marinar de véspera.

Corar o frango numa panela e acrescentar um refogado feito com as cebolas e o suco de tomate. Deixar cozinhar, juntando água aos poucos. Desfiar a carne levar os ossos ao fogo com pouca água para retirar o caldo, que se mistura ao molho da panela, juntamente com a carne desfiada e o molho de soja.

Purê de Legumes

GUARNIÇÃO
cada porção
135 calorias

INGREDIENTES (4 porções)

- 600 gramas de abobrinha batida e drenada
- 150 gramas de batata-inglesa em purê
- 150 gramas de cenoura ralada grossa e espremida
- 1 colher de café de margarina
- 1 colher de sobremesa de maisena
- 2 colheres de sopa de leite em pó
- ½ cebola média ralada

MODO DE FAZER

Raspar levemente a casca da abobrinha, retirar o miolo e cozinhar no vapor da panela tampada em fogo brando. Depois de cozida, passar na máquina de moer carne (disco mais fino) e deixar escorrendo toda a água numa peneira.

Juntar à massa da abobrinha o purê de batata-inglesa.

Levar ao fogo a metade da margarina e a cebola ralada, juntar os purês e a cenoura ralada e refogar por 2 ou 3 minutos, até que a cenoura fique tenra.

Acrescentar o leite em pó e a maisena dissolvidos em meia xícara de água do cozimento da abobrinha e, sempre mexendo, continuar em fogo brando até homogeneizar o purê. Apagar o fogo e juntar o resto da margarina.

Frango ao Molho Pardo

PRATO PRINCIPAL
cada porção
162 calorias

INGREDIENTES (4 porções)

- 8 sobrecoxas (1 quilo bruto)
- 1 cebola picada
- 200 gramas de tomate sem pele e sem sementes
- 1 colher de chá de óleo
- 1 amarrado de salsa e cebolinha
- 1 xícara de sangue de galinha (misturado com 1 colher de café de vinagre ou vinho tinto)
- 1 colher de café de maisena

INGREDIENTES DA VINHA-D'ALHOS

- 1 colher de sobremesa de sal
- ½ colher de café de páprica picante
- 2 dentes de alho grandes
- 1 colher de sopa de cebola ralada
- 1 raminho de manjericão picado
- 1 folha de louro
- 2 colheres de sopa de vinagre

MODO DE FAZER

Temperar o frango com a vinha-d'alhos de véspera.

Levar o frango sem os temperos ao fogo em uma panela com óleo bem quente; deixar corar bastante, mexendo com um garfo para não pegar.

Quando estiver corado por igual, juntar o resíduo da vinha-d'alhos, a cebola picada, o tomate e o amarrado de salsa e cebolinha; deixar cozinhar em fogo médio. Deve formar bastante caldo, mas, se for preciso, pode-se juntar água ou caldo de frango.

Verificar com um garfo se o frango está macio, retirar da panela e, se quiser, desossar as sobrecoxas; retirar o amarrado de salsa e cebolinha. Deixar o caldo no fogo até desmanchar os temperos, provar de sal e, se estiver muito gorduroso, desengordurar e medir ½ litro de caldo (deve dar para cobrir os pedaços de frango).

Desmanchar a maisena em 2 colheres de sopa de água e misturar ao sangue de galinha, mexendo até homogeneizar. Caso o sangue seja comprado, convém passar na peneira antes de usar. Assim que o caldo começar a ferver, misturar aos poucos ao sangue, fora do fogo, mexendo com cuidado, e levá-lo ao fogo brando até engrossar o molho.

Arroz com Pimentão e Alho-Poró

GUARNIÇÃO
cada porção
135 calorias

INGREDIENTES (4 porções)

- 100 gramas de pimentão amarelo ou verde
- 200 gramas de arroz cru
- 1 cebola pequena picada
- 2 unidades de alho-poró (só o branco)
- 1 dente de alho esmagado
- 1 colher de café de óleo
- 1 colher de chá de sal

MODO DE FAZER

Cortar os pimentões em cubos grandes e os alhos-porós em rodelas grossas.

Preparar o arroz com os temperos (óleo, sal, cebola e alho).

Quando começar a secar, porém ainda com água, juntar os demais temperos, provar de sal e mexer com cuidado para misturar os temperos em todo o arroz.

Abafar a panela e deixar cozinhar sem desmanchar o arroz.

Frango ao Molho de Damasco

PRATO PRINCIPAL
cada porção
270 calorias

INGREDIENTES (4 porções)

- 2 peitos de frango sem pele e sem carcaça (600 gramas)
- ½ copo de suco de laranja
- 1 colher de chá de sal
- 20 gramas de damasco seco
- 1 colher de café de manteiga

MODO DE FAZER

Limpar os peitos de frango inteiros; esfregar bem em metade do caldo de laranja e ½ colher de sopa de sal. Deixar de vinha-d'alhos de véspera. Picar o damasco, cobrir com um copo de água e deixar até o dia seguinte.

Arrumar os peitos de frango em tabuleiros fundos ligeiramente untados, regar com todo o tempero e cobrir com papel-alumínio; levar ao forno quente.

Enquanto estiver assando, regar com o molho formado e o restante do caldo de laranja. Assim que o peito assar, retirar do forno.

Cortar o peito em fatias grandes (no sentido do comprimento) e cobrir com molho de damasco. Para fazer o molho, levar o damasco ao fogo (se necessário acrescentar mais água) e deixar ferver até ficar bem macio.

Retirar todo o molho do tabuleiro, colocar o resto do caldo de laranja, juntar o damasco, ferver rapidamente, bater no liquidificador e passar na peneira. Provar de sal, levar ao fogo até ferver, apagar o fogo, juntar a manteiga e mexer até que toda ela se derreta. Cobrir o frango.

Fritinhas de Chuchu

GUARNIÇÃO
cada porção
180 calorias

INGREDIENTES (4 porções)

- 500 gramas de chuchu moído e drenado (1 quilo bruto)
- ½ cebola média picada
- 1 colher de sopa rasa de farinha de trigo
- 1 colher de café de margarina
- 2 ovos
- 2 colheres de sopa rasas de queijo parmesão ralado
- 1 envelope de adoçante
- 1 amarrado de salsa

MODO DE FAZER

Refogar a cebola com o adoçante, o sal e a margarina. Quando a cebola ficar transparente, juntar o chuchu picado, polvilhado com o trigo e abafar (sem água).

Passar o chuchu na máquina de moer carne (ralo grosso) e deixar escorrer completamente, até esfriar.

Acrescentar os ovos desmanchados com a faca e passados por peneira, o queijo ralado e a salsa. Se necessário, juntar mais 1 colher de trigo. Com uma colher de sopa, pingar a massa na grelha e fritar dos dois lados, para formar as fritinhas. Virar e retirar da grelha com uma espátula.

Fricassê de Frango

PRATO PRINCIPAL
cada porção
168 calorias

INGREDIENTES (4 porções)

- 600 gramas de filé de frango
- 100 gramas de cebola batidinha
- 2 colheres de café de margarina
- ½ colher de café de azeite
- 1 colher de sopa de extrato de tomate
- 1 colher de sopa de suco de tomate
- 1 colher de sopa de farinha de trigo
- 1 gema
- Caldo de ½ limão
- ½ molho de cheiro-verde
- ½ folha de louro
- 1 colher de sopa de sal
- 2 dentes de alho esmagados
- 1 pitada de páprica
- 1 colher de café de molho inglês

MODO DE FAZER

Dividir os filés ao meio e temperar com sal, alho, páprica e molho inglês.

Levar o frango ao fogo na panela, junto com a porção de azeite, 1 colher de café de margarina e a cebola batida. Deixar fritar e adicionar o extrato de tomate, o suco de tomate, o amarrado de cheiro-verde e o louro. Refogar bem e juntar água quente aos poucos para formar molho.

Coar o molho da panela, medir e completar 1 copo.

Corar a farinha, juntar a 1 colher de café de margarina, o molho quente e levar ao fogo para ligar. Desmanchar a gema com o caldo de limão, juntar ao molho fervendo e cobrir o frango.

Farofa de Biscoito com Milho

GUARNIÇÃO
cada porção
213 calorias

INGREDIENTES (4 porções)

- ½ lata de milho em conserva
- 100 gramas de cebola picada em cubos
- 1 pacote (200 gramas) de biscoito *cream cracker*
- 1 colher de sobremesa de margarina
- ½ molho de salsa picada
- 1 colher de chá de sal
- ½ envelope de adoçante

MODO DE FAZER

Quebrar os biscoitos na máquina de moer carne e reservar.

Levar ao fogo metade da margarina com a cebola, o sal e o adoçante; deixar que as cebolas fiquem transparentes, mexendo para não tostar. Juntar o milho, misturar bem, acrescentar o caldo coado do milho, tampar a panela e deixar ferver por 10 minutos. Escorrer o excesso de água, se houver. Apagar o fogo, juntar o resto da margarina, jogar a farinha feita com os biscoitos, misturar por igual e juntar a salsa picadinha.

Filé de Frango ao Molho de Passas

PRATO PRINCIPAL
cada porção
159 calorias

INGREDIENTES (4 porções)

- 600 gramas de filé de frango
- ½ colher de sopa de sal
- 1 pitada de páprica

INGREDIENTES DO MOLHO

- 2 colheres de chá de margarina
- 20 gramas de passa preta sem caroço
- 1 colher de sopa de vinho branco seco
- 1 colher de sopa de farinha de trigo

MODO DE FAZER

Temperar os filés com sal e páprica e marinar por 8 horas.

Grelhar os filés, aproveitando a água que sai da grelha, sem deixar queimar. Coar o caldo e completar 1 copo com caldo de frango desengordurado. Reservar.

Corar a farinha de trigo, juntar a margarina e o vinho; misturar com o caldo de frango e passar pela peneira para desmanchar os grânulos. Levar o molho ao fogo, mexendo até ferver, juntar as passas e deixar por mais 5 minutos.

Abóbora Poché

GUARNIÇÃO
cada porção
50 calorias

INGREDIENTES (4 porções)

- 400 gramas de abóbora baiana sem casca cortada em cubos
- 1 colher de café de sal
- 100 gramas de cebola ralada
- 1 dente de alho
- 1 colher de café de páprica doce
- Salsa picadinha a gosto
- ½ envelope de adoçante

MODO DE FAZER

Levar ao fogo uma panela com 2 copos de água temperada com sal, alho, adoçante, páprica e cebola. Deixar ferver por 20 minutos.

Colocar ¼ de abóbora já cortada na água fervendo e deixar cozinhar por 5 minutos; retirar a abóbora e reservar. Repetir a operação 3 vezes. Acrescentar a margarina em 4 colheres de sopa do caldo.

Na hora de servir, cobrir a abóbora com a salsa picadinha e o caldo quente.

Frango Tropical

PRATO PRINCIPAL
cada porção
172 calorias

INGREDIENTES (4 porções)

- 8 sobrecoxas de frango limpas
- ¼ de copo de vinho branco seco
- ½ copo de caldo de frango desengordurado
- 150 gramas de doce de abacaxi *diet* (ver receita em sobremesas)
- 1 dente de alho
- 1 colher de sopa de sal
- ½ cebola ralada
- 1 colher de café de curry em pó

INGREDIENTES DO BECHAMEL

- ½ colher de café de margarina
- 1 colher de sopa de farinha de trigo
- 1 colher de sopa de cebola ralada
- 1 xícara de chá de leite desnatado

MODO DE FAZER

Separar as sobrecoxas das coxas, que deverão ser usadas em outro prato e temperar com sal, cebola, alho e curry.

Levar ao forno os pedaços de frango em um tabuleiro coberto com papel-alumínio. Assim que estiverem cozidos, retirar do tabuleiro, escorrer os pedaços e reservar.

Jogar água quente no tabuleiro, raspando bem para aproveitar todo o resíduo. Coar o caldo e desengordurar. Misturar o caldo com o vinho, o bechamel, o curry e o doce de abacaxi *diet*. Levar ao fogo, sempre mexendo, até obter um molho homogêneo. Juntar os pedaços de frango e deixar ferver em fogo brando por 20 minutos.

Broto de Feijão à juliana

GUARNIÇÃO
cada porção
78 calorias

INGREDIENTES (4 porções)

- ½ fatia de bacon
-   1 dente de alho socado
- ½ colher de café de raspa de gengibre
- 1 pimentão médio
- 1 cenoura pequena
- 1 nabo branco pequeno
- 6 pernas de aipo
- 300 gramas de broto de feijão
- 1 xícara de caldo de galinha desengordurado
- ½ molho de cebolinha cortada em pedaços grandes (1cm)
- ½ envelope de adoçante
- 2 colheres de chá de sal

MODO DE FAZER

Cortar em tiras finas o pimentão, a cenoura, o nabo e o aipo; reservar.

Levar o bacon ao fogo, derreter e escorrer toda a gordura; juntar o alho socado e refogar.

Em seguida, acrescentar o gengibre, o pimentão, os legumes (nabo, cenoura, aipo), salpicar metade do sal e deixá-los abafados até que estejam cozidos.

Junta o broto de feijão, o restante do sal e o adoçante; sacudir a panela para misturar, cobrir com o caldo de galinha, abafar a panela e deixar no fogo por 10 minutos.

Por fim, acrescentar a cebolinha cortada e misturar.

Quadradinhos de Frango

PRATO PRINCIPAL
cada porção
144 calorias

INGREDIENTES (4 porções)

- 600 gramas de peito de frango cortado em cubos
- ½ colher de sopa de sal
- ½ copo de caldo de frango
- 1 envelope de adoçante
- 2 colheres de café de maisena
- 100 gramas de cebola picada
- 2 dentes de alho socados
- Pitadas de páprica doce, fondor e alecrim
- 1 colher de sopa de leite em pó desnatado
- 2 colheres de café de margarina

MODO DE FAZER

Temperar o frango com sal, alho, pápria doce e fondor. Marinar por 2 horas.

Fritar a cebola em 1 colher de café de margarina com o adoçante até ficar transparente, sem corar. Juntar o frango e deixar no fogo brando, mexendo sempre, até que a carne fique branquinha. Acrescentar o caldo de frango desengordurado e o alecrim. Deixar ferver por 20 minutos para amaciar.

Retirar o frango com a escumadeira e medir 1 xícara de caldo.

Bater o caldo no liquidificador com a maisena e o leite em pó. Levar ao fogo para engrossar. Apagar o fogo, juntar o restante da margarina e o frango preparado.

Paçoca de Aipim

GUARNIÇÃO
cada porção
143 calorias

INGREDIENTES (4 porções)

- 500 gramas de aipim
- 160 gramas de tomate maduro
- ½ colher de sopa de margarina
- 100 gramas de cebola picada
- 1 xícara de cafezinho de suco de tomate
- ½ envelope de adoçante
- 1 colher de chá de sal
- 1 colher de café de páprica doce

MODO DE FAZER

Cortar o aipim em cubos médios, retirar as fibras e deixar na água (gelada, de preferência).

Preparar o refogado com as cebolas, a margarina, os tomates picados sem pele e sem sementes, o adoçante, o sal, a páprica e o suco de tomate. Juntar o aipim bem escorrido ao refogado, abafar a panela e manter em fogo brando, acrescentando água durante o cozimento para não pegar no fundo e ficar bem solto.

Apagar o fogo assim que o aipim estiver cozido.

Shopsuey de Frango

PRATO PRINCIPAL
cada porção
179 calorias

INGREDIENTES (4 porções)

- 600 gramas de frango
- 1 colher de chá de óleo
- ½ fatia de bacon
- 2 colheres de sobremesa de molho de soja
- 1 colher de sopa de purê de tomate
- ½ copo (½ tablete) de caldo de galinha desengordurado
- ½ molho de cebolinha cortada em pedaços grandes
- 1 dente de alho esmagado
- Gengibre a gosto
- 100 gramas de broto de feijão
- 1 ½ colher de chá de sal
- 1 envelope de adoçante
- 2 colheres de sopa de vinho branco seco
- 1 colher de café de maisena

MODO DE FAZER

Cortar a carne de frango em forma de palitos de fósforo e temperar com o sal. Fritar em frigideira antiaderente em fogo forte, usando o mínimo de óleo. Acrescentar o adoçante, o molho de soja, o purê de tomate e metade do vinho, mantendo no fogo por meio minuto. Juntar o caldo de galinha misturado à maisena e deixar ferver até a carne ficar bem macia; mexer delicadamente e retirar do fogo.

Derreter a fatia de bacon e retirar toda a gordura derretida; fritar o alho amassado com o bacon; juntar a cebolinha, o gengibre e o broto de feijão, mantendo em fogo alto por 2 minutos, mexendo sempre.

Juntar o frango, com todo o molho da panela, ao broto de feijão (ou vice-versa) e o resto do vinho, continuando a mexer delicadamente por mais 2 minutos. Retirar da panela com a escumadeira, abandonando o molho.

Alface à La Crème

GUARNIÇÃO
cada porção
120 calorias

INGREDIENTES (4 porções)

- 1 quilo de folhas de alface limpas
- 50 gramas de margarina
- ½ cebola picada
- 2 gemas
- ½ copo de leite desnatado
- 2 ½ colheres de sopa de farinha de trigo
- 1 envelope de adoçante

MODO DE FAZER

Lavar a alface e cortar em tiras largas.

Colocá-la na panela com metade da margarina e 1 copo de água; cozinhar em fogo brando com a panela tampada. Escorrer a alface e reservar a água.

Tostar a cebola picada com o resto da margarina e o adoçante; acrescentar ½ copo do caldo, juntar a alface cozida e deixar no fogo por 20 minutos.

Adicionar as gemas bem batidas e misturar a farinha de trigo desmanchada no leite. Levar ao fogo novamente mantendo-o brando para ligar o creme.

Strogonoff de Frango

PRATO PRINCIPAL
cada porção
169 calorias

INGREDIENTES (4 porções)

- 600 gramas de peito de frango cortado para strogonoff
- 100 gramas de cebola
- ½ copo de leite desnatado
- 1 colher de sobremesa de maisena
- Uma pitada de páprica
- 1 colher de café rasa de manjerona
- 1 colher de café de molho de soja
- 1 colher de sopa de farinha de trigo
- 4 colheres de sopa de suco de tomate
- 2 colheres de sopa de creme de leite
- 3 colheres de sopa de vinho branco
- 1 colher de café de rum
- 1 envelope de adoçante
- 50 gramas de cogumelo

MODO DE FAZER

Ferver o suco de tomate com parte do adoçante e reservar. Refogar as cebolas com o restante do adoçante e juntar ao suco de tomate. Adicionar a manjerona, a páprica, o molho de soja e ferver por 5 minutos.

Passar a carne de frango cortada na farinha de trigo, fritar em frigideira antiaderente e jogar na panela do molho, aproveitando o caldo, que deve ser coado e acrescentado ao molho. Quando terminar, levar ao fogo por 20 minutos ou até que a carne fique macia; provar de sal e temperos, juntar o vinho e o rum, ferver por 5 minutos e retirar a carne.

Desmanchar a maisena no leite, acrescentar o creme de leite e misturar com o molho. Levar ao fogo até engrossar, sem deixar ferver. Acrescentar a carne e os cogumelos fatiados. Está pronto para servir.

Cenoura Caramelada

GUARNIÇÃO
cada porção
54 calorias

INGREDIENTES (4 porções)

- 500 gramas de cenoura cortada em cubos
- ½ copo de suco de laranja
- 2 colheres de café de manteiga com sal
- 4 envelopes de adoçante

MODO DE FAZER

Levar ao forno a cenoura e os demais ingredientes. Manter em fogo baixo.

De início, desprende muita água; depois, é preciso pingar água durante o cozimento. Deixar no fogo, sacudindo a panela de vez em quando, até a cenoura ficar macia e o caldo adquirir consistência de calda.

Xinxim de Galinha

PRATO PRINCIPAL
cada porção
175 calorias

INGREDIENTES (6 porções)

- 12 sobrecoxas de frango
- 300 gramas de camarão fresco e limpo
- 2 colheres de chá de azeite
- 2 dentes de alho
- 125 gramas de cebola
- 1 colher de sopa cheia de cabeça de camarão torrada e moída (sem olho e sem barba)
- Coentro, salsa, cebolinha, açafrão e pimenta-malagueta a gosto

MODO DE FAZER

Fritar o camarão em frigideira antiaderente com ⅓ do azeite e os dentes de alho socados; torrar as cabeças de camarão a moer; picar os camarões fritos, misturar com a cabeça de camarão torrada e reservar.

Em outra panela, fritar os pedaços de frango, na metade do azeite restante até corar. Juntar o camarão reservado e os temperos — cebola, coentro, salsa e cebolinha bem picados e pimenta-malagueta amassada — mexer bem, tampar a panela por 4 ou 5 minutos em fogo baixo e acrescentar a água (quente) para cozinhar.

Deixar no fogo até reduzir o caldo; juntar o restante do azeite e o açafrão.

Tradicionalmente não se desossa a galinha para o xinxim.

Farofa de Farelo de Trigo

GUARNIÇÃO
cada porção
152 calorias

INGREDIENTES (6 porções)

- 100 gramas de cebola picada
- 1 dente de alho esmagado
- 2 colheres de sopa de suco de cenoura
- 1 envelope de adoçante
- 100 gramas de farinha de mandioca
- 8 colheres de sopa de farelo de trigo
- 1 molho de salsa picada
- 1 molho de cebolinha picada
- 1 colher de café de azeite
- 1 colher de café de margarina
- Uma pitada de páprica e açafrão
- 1 colher de chá de sal

MODO DE FAZER

Refogar os temperos no azeite (cebola, alho, páprica, sal, açafrão e adoçante); juntar o suco de cenoura, deixar ferver e apagar o fogo.

Juntar as farinhas misturadas e peneiradas.

Voltar ao fogo e mexer para que fique bem misturado e de cor homogênea. Provar de sal. Se preciso, borrifar com água e sal.

Apagar o fogo e juntar a margarina, a salsa e a cebolinha.

Cassoulet de Feijão-Branco

PRATO PRINCIPAL
cada porção
433 calorias

INGREDIENTES (4 porções)

- 250 gramas de feijão-branco cru
- 1 pedacinho de carne de ave defumada (chester)
- 8 salsichas de ave
- 8 cebolas miúdas em conserva ou 2 cebolas pequenas divididas em 4 depois de cozidas
- 2 dentes de alho
- 2 colheres de chá de sal
- 1 amarrado pequeno de salsa e cebolinha
- 1 alho-poró pequeno (só o branco)
- 1 raminho de orégano fresco
- 1 colher de café de óleo de soja
- 1 fatia de pão de forma cortada em cubos e torrada

MODO DE FAZER

Colocar o feijão, depois de limpo e catado, de molho por 2 horas.

Cozinhar o feijão com 1 dente de alho, as cebolas, a carne de ave e as ervas aromáticas. Retirar as cebolas assim que estiverem cozidas, porém firmes, e reservar.

Quando o feijão estiver quase cozido, refogar o caldo com óleo e o outro dente de alho, juntar as salsichas e manter no fogo por mais 15 minutos. Provar de sal. Escorrer o feijão, separar as salsichas, passar o caldo na peneira e levar ao fogo até ferver. Colocar o feijão, as salsichas e as cebolas numa travessa refratária, cobrindo com o caldo.

Couve Refogada

GUARNIÇÃO

cada porção
37 calorias

INGREDIENTES (4 porções)

- 3 molhos de couve cortada à mineira, mais ou menos grossa
- ½ cebola grande picada
- Algumas gotas de óleo
- ½ colher de sopa de sal
- 3 dentes de alho
- Manjericão fresco ou seco
- ½ envelope de adoçante

MODO DE FAZER

Refogar a cebola no óleo com o adoçante, o sal e o alho esmagado. Juntar a couve e o manjericão fresco. Se o manjericão for seco, colocar junto com o óleo e a cebola. Refogar e abafar. Deixar cozinhar, pingando água quente até que esteja levemente cozida. Escorrer toda a água. Servir bem quente, junto com o cassoulet, também aquecido, e cobrir com pão torrado.

Aves

Cozido de Frango com Pirão de Farinha

PRATO ESPECIAL
cada porção
472 calorias

INGREDIENTES (6 porções)

- 6 coxas de frango inteiras e sem pele
- 200 gramas de nabo japonês ou branco
- 200 gramas de batata-doce
- 300 gramas de vagem manteiga
- 200 gramas de abóbora
- 300 gramas de repolho
- 2 bananas-da-terra
- 2 espigas de milho
- 250 gramas de tomate
- 8 cebolas miúdas (em conserva)
- 3 dentes de alho
- 90 gramas de farinha de mandioca crua
- 2 colheres de sopa de sal
- ½ envelope de adoçante

MODO DE FAZER

Limpar e temperar as coxas de frango com metade do sal e o alho; reservar.

Cortar os legumes em pedaços grandes — nabo, batata-doce, abóbora e repolho —, amarrar as vagens inteiras, dividir as espigas de milho ao meio e manter as cebolas e as bananas inteiras (estas na última hora, para que não fiquem escuras) e reservar.

Levar ao fogo o tomate, sem pele e sem sementes, com o adoçante até desmanchar. Juntar as coxas de frango, refogar ligeiramente e acrescentar o milho e as cebolas inteiras, cobrindo bem com água fervendo; manter no fogo forte por uns 15 minutos. À medida que forem cozinhando, retirar as cebolas e o frango. Deixar o milho no caldo do cozido e ir colocando os legumes para cozinhar. Juntar água fervendo conforme necessário, provando de sal.

Colocar os legumes cozidos em uma bandeja e dividir tudo em 6 porções iguais, inclusive os grãos de milho e a banana.

Separar o caldo do cozido: ¼ para cobrir os legumes e ¾ para fazer o pirão. Se for necessário, junte mais água e prove. Os resíduos da panela devem ficar com a porção (¼) que vai cobrir os legumes, depois de passada na peneira.

Desmanchar a farinha no caldo e levar ao fogo até que fique cozida. Servir bem quente.

Guisado de Frango com Ervilhas Verdes

PRATO ESPECIAL
cada porção
294 calorias

INGREDIENTES (4 porções)

- 6 coxas de frango inteiras ou 8 sobrecoxas
- 1 colher de chá de sal
- 1 dente de alho socado
- Uma pitada de páprica doce
- ¾ de xícara de suco de tomate
- 200 gramas de cebola ralada
- 1 colher de sobremesa de molho de soja
- ½ envelope de adoçante
- 600 gramas de ervilha verde
- Alecrim a gosto

MODO DE FAZER

Limpar as coxas de frango, tirando a pele e toda a gordura. Temperar com sal, alho, páprica e reservar.

Limpar as ervilhas e reservar dentro da água.

Preparar o molho com a cebola ralada, o suco de tomate, o adoçante e o molho de soja, fervidos juntos. Acrescentar o alecrim.

Corar o frango na panela e colocar os pedaços no molho, que deve ser mantido quente. Levar ao fogo e cozinhar a carne no molho até amaciar, juntando água aos poucos, conforme necessário.

Quando o frango estiver macio, retirar os pedaços, desossar e colocar de volta na panela. Acrescentar as ervilhas sobre o guisado, sacudir a panela e deixar no fogo brando por 15 minutos ou até as ervilhas ficarem cozidas, porém firmes.

Pode acompanhar com 60 gramas de arroz branco para cada porção e conter mais 65 calorias por pessoa.

Forma de Legumes com Frango Defumado

PRATO ESPECIAL
cada porção
240 calorias

INGREDIENTES (6 porções)

- 350 gramas de carne de frango defumada
- 300 gramas de cenoura cortada em cubos pequenos
- 300 gramas de chuchu cortado em cubos pequenos
- 100 gramas de nabo japonês cortado em cubos pequenos
- 150 gramas de ervilhas em conserva (⅔ da lata)
- 150 gramas de tomate sem pele e sem sementes cortado em cubos
- 2 ovos inteiros
- 1 colher de café de margarina
- 1 colher de sopa rasa de farinha de trigo
- 1 colher de sopa de vinho branco seco
- 2 xícaras de leite desnatado
- 1 gema
- 1 colher de sopa de queijo parmesão
- ½ colher de sopa de sal
- 2 envelopes de adoçante

MODO DE FAZER

Cozinhar os legumes juntos, *al dente*, em água com sal, um pedacinho de frango defumado e 2 envelopes de adoçante. Antes, porém, escaldar o nabo japonês e só depois juntá-lo à cenoura e ao chuchu. Escorrer a água e acrescentar o tomate picado e as ervilhas. Sacudir, misturar por igual e reservar.

Aumentar a quantidade do caldo do cozimento com o caldo de galinha, desengordurando até obter 1 xícara. Corar a farinha, incorporar a margarina, o caldo desengordurado, a gema bem batida, o vinho e levar ao fogo para engrossar. Juntar a carne defumada picadinha e levar ao fogo até ferver, provar de sal. Forrar uma travessa refratária com o frango defumado e sobre o frango colocar os legumes preparados.

Desmanchar os ovos inteiros com leite, temperar com pouco sal e distribuir sobre o prato, tendo o cuidado de molhar toda a superfície dos legumes. Polvilhar com o queijo parmesão ralado e, na hora de servir, levar ao forno (15 minutos) para cozinhar o ovo (não precisa corar).

Frango Vienense com Aspargos e Batata

PRATO ESPECIAL
cada porção
417 calorias

INGREDIENTES (4 porções)

- 8 sobrecoxas de fango
- ¾ de xícara de vinho branco seco
- 100 gramas de cebola ralada
- 1 colher de sobremesa de sal
- 2 colheres de chá de margarina
- ½ copo de iogurte desnatado
- ¾ de xícara de chá de leite desnatado
- 1 colher de café de maisena
- 3 colheres de sopa de vinho do Porto
- 2 gemas
- 1 lata pequena de aspargo (320 gramas)
- ½ quilo de batata-inglesa

MODO DE FAZER

Temperar as sobrecoxas com o vinho, a cebola ralada e o sal; deixar marinando de véspera.

No dia seguinte, escorrer os pedaços e tostar em uma colher de chá de margarina, deixando dourar por igual.

Juntar o vinho do Porto à marinada e ir regando o frango na panela com 1 xícara de chá do molho e 1 de água até amaciar. Apagar o fogo e deixar na panela.

Cozinhar as batatas descascadas com 1 colher de chá de sal; quando cozidas, apagar o fogo, acrescentar a outra colher de margarina, escorrer as batatas, passá-las pela máquina de moer (ralo mais grosso) com cuidado (sem desmanchar os grânulos) e colocar numa travessa refratária.

Desmanchar as gemas, misturar com a maisena, o iogurte e o leite e passar pela peneira. Juntar a mistura ao frango e manter em fogo moderado para engrossar e cozinhar a maisena, tendo cuidado para não deixar ferver.

Colocar as sobrecoxas sobre a batata, enfeitar com os aspargos e cobrir tudo com o molho.

Frango à Jardineira

PRATO ESPECIAL
cada porção
376 calorias

INGREDIENTES (4 porções)

- 8 coxas de frango sem pele e sem osso (1 quilo)
- 150 gramas de suco de tomate
- 200 gramas de cebola ralada
- 1 colher de sobremesa de molho de soja
- 180 gramas de batata-inglesa cortada em cubos
- 400 gramas de chuchu limpo cortado em cubos
- 200 gramas de cenoura limpa em cubos
- 150 gramas de ervilha em conserva (⅔ da lata)
- Sal e alho a gosto

MODO DE FAZER

Limpar as coxas de frango, tirando toda gordura e pele. Temperar com sal e alho; reservar.

Cortar os legumes em cubos iguais e cozinhá-lo separadamente, *al dente*.

Preparar o molho com a cebola ralada, o suco de tomate e o molho de soja, fervidos juntos. Condimentar a gosto com alecrim, se quiser.

Arrumar os pedaços de frango em tabuleiro antiaderente, cobrir com papel-alumínio e levar ao forno quente por uns 20 minutos, até que a carne fique pré-cozida e com bastante caldo. Retirar as coxas de frango ainda quentes para que não fiquem gordurosas; deixar esfriar e desossar, tomando cuidado para não passar cartilagens.

Desengordurar o caldo do tabuleiro e juntar ao molho preparado. Colocar os pedaços de frango na panela do molho aquecido e levar ao fogo até amaciar (sem desmanchar).

Quando o frango estiver pronto, acrescentar os legumes cozidos e as ervilhas, sacudir a panela e deixar no fogo por 5 minutos.

Nhoque de Frango ao Sugo

PRATO ESPECIAL
cada porção
259 calorias

INGREDIENTES (4 porções)

- 800 gramas de carne de frango cozida e moída
- 150 gramas de ricota esmagada
- 6 colheres de sopa de queijo parmesão ralado
- 3 colheres de sopa de farinha de trigo
- 2 ovos

INGREDIENTES DO MOLHO

- 250 gramas de tomate maduro
- ½ xícara de suco de tomate
- ½ cabeça de alho socado
- 20 gramas de massa de tomate
- 1 envelope de adoçante
- 1 colher de sopa de molho de soja
- Sal e orégano a gosto
- 1 colher de chá de margarina
- 1 colher de sopa rasa de maisena

MODO DE FAZER

Preparar o molho e reservar.

Bater os ovos inteiros (desmanchar com a faca), juntar a ricota, a farinha e a metade do queijo parmesão. Por fim, acrescentar a carne de frango cozida e moída. Amassar bem.

Fazer os nhoques, passar na farinha de trigo e jogar em pequenas quantidades numa panela com água e sal, fervendo; retirá-los assim que subirem à tona.

Arrumar em travessa refratária, cobrir com o molho e polvilhar com o restante do parmesão.

Para fazer o molho, colocar os tomates, o alho, o sal e o adoçante numa panela, mantendo em fogo brando. Acrescentar o suco de tomate, ferver por 5 minutos e passar por peneira fina. Adicionar água ao resíduo da peneira e tornar a coar.

Levar novamente ao fogo e juntar a massa de tomate, o molho de soja, o orégano e água suficiente para obter 1 copo cheio. Provar e dar liga com a maisena.

Risoto de Frango

PRATO ESPECIAL
cada porção
361 calorias

INGREDIENTES (4 porções)

- 600 gramas de frango ensopado e desfiado
- 150 gramas de ervilha em lata
- 200 gramas de arroz cru
- 1 colher de sobremesa de margarina
- ½ cebola e 1 dente de alho para o arroz
- 20 gramas de queijo parmesão ralado
- 10 gramas de passa sem caroço
- Salsa picadinha a gosto

INGREDIENTES DO ENSOPADO

- 6 coxas inteiras de frango
- 1 colher de chá de sal
- 1 dente pequeno de alho
- 100 gramas de cebola picada
- 100 gramas de tomate sem pele e sem sementes
- Salsa, cebolinha e alecrim a gosto
- 1 colher de café de extrato de tomate
- ½ envelope de adoçante

MODO DE FAZER

Temperar o frango com sal, alho, cebola e alecrim. Levar ao fogo os tomates e a cebola com o adoçante. Juntar o frango, refogar, tampar a panela e acrescentar água quente para formar o molho.

Preparar o arroz branco; assim que estiver pronto, misturar com a margarina, a salsa, soltar bem e reservar.

Desfiar a carne de frango e ferver no molho por 5 minutos. Retirar parte do molho (mais ou menos ½ copo) e reservar.

Dividir o ensopado em duas porções iguais e a cada uma juntar metade do arroz preparado, metade das ervilhas e metade das passas, misturando por igual.

Colocar metade do risoto no recipiente e polvilhar com parmesão; acrescentar a outra metade, o molho reservado e, por fim, o queijo parmesão. Levar ao forno quente na hora de servir.

Salpicão de Frango

PRATO ESPECIAL
cada porção
306 calorias

INGREDIENTES (6 porções)

- 50 gramas de presunto cozido
- 300 gramas de peito de frango defumado
- 400 gramas de peito de frango assado
- 3 gemas cozidas
- 1 lata de milho em conserva
- 400 gramas de cenoura cortada em cubinhos
- 150 gramas de tomate picado sem pele e sem sementes
- 2 pimentões pequenos (1 vermelho e 1 verde)
- 100 gramas de cebola cortada em cubinhos
- 1 colher de chá rasa de margarina
- 1 envelope de adoçante
- 25 gramas de passa preta sem caroço
- 3 colheres de sopa de maionese dietética
- Alho socado, sal, molho inglês, mostarda e vinagre a gosto
- ½ molho de salsa picadinha
- 2 molhos de alho-poró (só o branco)
- ½ xícara de chá de creme de leite

MODO DE FAZER

Cortar o frango, o presunto e todos os legumes (inclusive o tomate) em cubinhos.

Cozinhar a cenoura em água com sal, picar a salsa e reservar.

Levar ao fogo a margarina com o adoçante e o alho-poró cortado em rodelas finas; escaldar ligeiramente e juntar os tomates e o pimentão; manter no fogo, mexendo ligeiramente.

Apagar o fogo, juntar a carne picada, o milho e as passas. Misturar com cuidado e deixar esfriar.

Juntar o creme de leite e a maionese, já temperada com alho, sal, mostarda, vinagre, molho inglês e salsa picada, misturando com cuidado. Passar as gemas cozidas pela peneira e cobrir o salpicão no prato de servir. Enfeitar com raminhos de salsa crespa.

Torta de Frango com Palmito

PRATO ESPECIAL
cada porção
438 calorias

INGREDIENTES (6 porções)

- 1 pacote de biscoito cream cracker
- 2 colheres de sobremesa de margarina sem sal
- 150 gramas de palmito em lata
- 600 gramas de frango ensopado e desfiado
- 100 gramas de tomate
- 100 gramas de cebola
- 2 colheres de sobremesa de suco de tomate
- 1 ½ colher de sopa de maisena
- 4 colheres de sopa rasas de leite em pó
- ½ colher de sopa de sal
- 1 pitada de estragão
- 2 gemas

MODO DE FAZER

Ensopar o frango com tomate, cebola, suco de tomate, estragão e sal; reservar.

Passar os biscoitos na máquina de moer carne (disco fino) e amassar com a margarina sem sal, como farofa.

Desfiar o frango e apurar 2 xícaras de caldo.

Fazer um creme com as gemas, a maisena, o leite em pó e o caldo apurado. Quando estiver pronto, juntar o palmito picado e reservar.

Para preparar a torta, forrar uma travessa refratária com metade de farinha de biscoito e comprimir bem para formar uma crosta. Distribuir o frango desfiado sobre esta crosta e cobrir com o creme de palmito.

Acrescentar o restante da farinha de biscoito e espalhando bem, de modo a cobrir toda a superfície.

Assar em forno brando de 15 a 20 minutos.

5 | PEIXES

Os peixes têm a vantagem de ter a carne menos calórica de todas as demais proteínas. Para quem quer emagrecer rápido, é a melhor opção. É simples de preparar, seja grelhado ou cozido no vapor com algumas ervas. Basta variá-los e podemos conseguir sabores bem diferentes de um para o outro. Assim, é importante saber variar os molhos usados e evitar cair na mesmice, o que geralmente acontece com aquelas pessoas que não têm tempero ou têm pouco jeito para cozinha.

Há peixes muito gordurosos, como a tainha e a merluza, que devem ser evitados durante as dietas. Eu, particularmente, prefiro os peixes de carne branca. Mas, sempre que possível, como um peixe de água doce, lá do Norte, e posso recordar a infância que vivi no meu Acre.

Almôndegas de Peixe

PRATO PRINCIPAL
cada porção
273 calorias

INGREDIENTES (4 porções)

- 250 gramas de cherne limpo
- 250 gramas de filé de pescadinha
- 1 cebola branca pequena
- 4 fatias de pão de forma sem casca
- 1 ovo
- 1 colher de chá de azeite
- 1 cebola branca grande para o molho
- Páprica e fondor a gosto
- 1 ½ envelope de adoçante
- 1 colher de chá rasa de bicarbonato de sódio
- 1 colher de sobremesa de sal

MODO DE FAZER

Passar as carnes de peixe na máquina de moer (parte fina) junto com a cebola pequena. Molhar o pão em água e espremer ligeiramente.

Bater o peixe moído, misturado com pão, numa tábua de carne (sem desmanchar) e juntar o ovo. Colocar tudo numa vasilha e acrescentar sal, páprica, fondor e ½ envelope de adoçante. Provar e bater mais um pouco com batedeira elétrica.

Colocar na panela o azeite, a cebola grande picada com o bicarbonato e deixar a cebola quase desmanchar (sem queimar). Juntar então 1 envelope de adoçante, páprica, sal e 2 copos de água, que deve secar até formar um molho amarelo.

Colocar ⅓ do molho no peixe e bater bem com a batedeira; enrolar as almôndegas e reservar. Misturar o restante do molho com água suficiente para cozinhar as almôndegas de peixe, que são colocadas diretamente sobre o molho fervendo.

Deixar em fogo brando por, aproximadamente, 40 minutos (se as almôndegas amarelarem antes é porque está pronto). Retirar as almôndegas, coar o molho e, se necessário, ligar com maisena.

Brócolis em Capote

GUARNIÇÃO
cada porção
87 calorias

INGREDIENTES (4 porções)

- 1 molho grande de brócolis
- 1 cebola média picada
- 1 colher de café de margarina
- 2 claras em neve ou 1 ovo (com a clara em neve)
- 1 colher de café de farinha de trigo
- 4 colheres de café cheias de queijo parmesão ralado

MODO DE FAZER

Limpar e escaldar os brócolis, folhas e flores separadamente, com sal e bicarbonato. Cortar folhas e talos bem finos, refogar com a cebola ralada em ¼ da margarina. Arrumar os montinhos de folhas com os talos em forma refratária ligeiramente untada e sobre eles as flores escaldadas.

Bater as claras em neve e misturar levemente o restante da margarina derretida, a farinha e metade do queijo parmesão. Cobrir os brócolis com as claras preparadas e usar o restante do queijo. Levar ao forno por 10 minutos antes de servir, retirando as porções com a espátula.

Enroladinhos de Peixe

PRATO PRINCIPAL
cada porção
141 calorias

INGREDIENTES (4 porções)

- 600 gramas de filés de peixe bem finos
- ½ molho de salsa
- ¼ de molho de cebolinha
- ¼ de molho de manjericão
- 2 dentes de alho socados
- ½ cebola picada
- 1 colher de café de azeite
- 1 colher de café de margarina
- 1 gema
- 2 colheres de chá de leite em pó desnatado
- 1 colher de sobremesa de farinha de trigo
- 1 colher de sobremesa de sal
- 2 colheres de sobremesa de suco de limão
- 1 colher de café de fondor

MODO DE FAZER

Temperar os filés com o sal, o suco de limão e o fondor. Fazer os rolinhos recheados com os temperos verdes bem batidos. Misturar a cebola e o alho socado; reservar.

Untar o fundo da panela com azeite, colocar a metade do alho e das cebolas bem batidas. Colocar os rolinhos de peixe bem juntinhos, cobrir com o resto dos temperos e levar ao fogo brando durante 40 minutos. (Não colocar mais de uma camada nem usar palito.)

Quando o peixe estiver cozido, retirar os rolinhos com cuidado, coar o molho e medir 1 copo; provar de sal.

Bater a gema com uma colher de café de água até que fique esbranquiçada. Misturar a farinha de trigo e o leite em pó, continuar a bater e ir desmanchando com o caldo do peixe. Se ficar encaroçado, passar pela peneira.

Levar o molho ao fogo e, sempre mexendo, deixar ferver para cozinhar a farinha. Apagar o fogo e juntar a margarina.

Servir o molho bem quente sobre os enroladinhos.

Salada quente

GUARNIÇÃO
cada porção
56 calorias

INGREDIENTES (4 porções)

- 400 gramas de repolho cortado à mineira
- 180 gramas de cenoura em tiras finas
- 180 gramas de couve-flor dos talos grossos, limpa
- 180 gramas de pepino em tiras, sem casca e sem sementes
- 100 gramas de cebola
- 100 gramas de pimentão (vermelhos e verdes)
- 4 dentes de alho esmagados
- 1 colher de sopa de vinagre de vinho
- ½ colher de sopa de azeite
- 1 copo de caldo de galinha desengordurado
- 1 envelope de adoçante
- 1 colher de chá de molho de soja
- 1 colher de chá de sal

MODO DE FAZER

Cortar o repolho bem fino e reservar. Cortar a cenoura e o pepino em tiras finas e separar a couve-flor em galhinhos pequenos. Picar a cebola, o alho e os pimentões em cubinhos.

Refogar a cebola e o alho no azeite até dourar; juntar a cenoura e cozinhar um pouco, juntar a couve-flor e, por fim, o repolho bem fino.

Misturar os demais ingredientes e condimentos no caldo de galinha e despejar sobre os legumes, mantendo no fogo por 5 a 10 minutos. Servir em seguida.

Filé de Hadoque

PRATO PRINCIPAL
cada porção
193 calorias

INGREDIENTES (4 porções)

- 4 filés de hadoque com 180 gramas cada
- 2 colheres de sobremesa de manteiga ou margarina
- Leite desnatado suficiente (aproximadamente 1,5l)
- 2 colheres de sopa de salsa picadinha

MODO DE FAZER

Arrumar os filés num refratário e cobrir com leite desnatado. Manter na geladeira por no mínimo 8 horas, e no máximo por 12 horas.

Retirar os filés, tirar a pele e as rebarbas. Depois de limpo, cada um ficará com 150 gramas.

Colocar os filés em tabuleiro ou prato refratário ligeiramente untado e cobrir completamente com leite desnatado.

Levar ao forno quente para cozinhar o hadoque por aproximadamente 40 minutos. (Experimentar com um palito para ver se está cozido.)

Escorrer o leite, deixar no forno mais cinco minutos e cobrir com a manteiga e a salsa picadinha.

Couve-de-Bruxelas ao Creme

GUARNIÇÃO
cada porção
57 calorias

INGREDIENTES (6 porções)

- 300 gramas de repolho cru
- 600 gramas de couve-de-bruxelas
- ½ colher de sopa rasa de sal e sálvia
- 1 colher de café de margarina
- 2 colheres de sobremesa de farinha de trigo
- ½ cebola ralada
- ½ envelope de adoçante
- 1 copo grande de leite desnatado
- 1 colher de chá de bicarbonato

MODO DE FAZER

Escaldar a couve-de-bruxelas em água fervendo, sem sal, só com o bicarbonato. Em seguida, cozinhar com sal e sálvia em outra água. Retirar a couve depois de cozida e reservar a água.

Moer o repolho cru na máquina e espremer. Escaldar com água fervendo e pouco sal; espremer de novo. Cozinhar bem o repolho na água reservada da couve-de-bruxelas, escorrer, passar no liquidificador e coar.

Torrar a farinha ligeiramente e misturar no leite quente. Corar a cebola com o adoçante e mais ½ colher de chá de sal, juntar o leite com a farinha e levar ao fogo para engrossar.

Provar de sal e juntar o creme de repolho e a couve-de-bruxelas; deixar ferver por 10 minutos, apagar o fogo e colocar a margarina.

Filé de Linguado ao Creme de Espinafre

PRATO PRINCIPAL
cada porção
276 calorias

INGREDIENTES (4 porções)

- 5 colheres de sopa de cebola picada
- 1 colher de chá de margarina
- ½ envelope de adoçante
- 1 colher de chá de sal
- 1 dente de alho
- 750 gramas de espinafre escaldado e drenado (1 quilo bruto)
- 3 colheres de sopa rasas de leite em pó desnatado
- 2 colheres de sobremesa de maisena
- 650 gramas de peixe em filé
- 1 colher de sobremesa de sal para temperar o peixe
- Caldo de 1 limão
- Coentro a gosto
- 2 colheres de chá de manteiga derretida
- 1 colher de sopa de alcaparras
- Rodelas finas de cebola e tomate
- Salsa picada a gosto

MODO DE FAZER

Temperar o peixe — cortado em filés de 160 gramas — com 1 colher de sobremesa de sal, limão e coentro, socados juntos; deixar marinar por 2 horas.

Levar ao fogo a cebola picada, o adoçante, o sal, o alho esmagado e a margarina; mexer até ficar transparente.

Juntar o espinafre, drenado e batido; ferver por 5 minutos. Dissolver o leite em pó e a maisena em ½ copo de água, misturar com o espinafre e manter no fogo até obter um creme espesso. Deixar amornar e reservar.

Colocar o creme de espinafre num refratário e cobrir com os filés.

Coar a salmoura, juntar a margarina derretida (sem ferver) e as alcaparras. Regar cada filé com o molho obtido e cobrir com rodelas de cebola e tomate. Assar em forno moderado por 20 minutos. Ao retirar do forno, acrescentar salsa picada.

Batatas Tostadas

GUARNIÇÃO
cada porção
82 calorias

INGREDIENTES (4 porções)

- 250 gramas de batata descascada
- 1 colher de chá de margarina
- 3 colheres de chá de queijo parmesão ralado

MODO DE FAZER

Cozinhar as batatas *al dente* cortadas em cubos grandes com pouco sal. Escorrer a água e misturar com a margarina, sacudindo a panela.

Colocar as batatas em refratário ligeiramente untado, polvilhar com o parmesão e levar ao forno bem quente por 10 minutos antes de servir.

Filé de Peixe ao Molho Escabeche

PRATO PRINCIPAL
cada porção
195 calorias

INGREDIENTES (4 porções)

- 600 gramas de filés limpos (4 filés grossos de 150 gramas)
- ½ colher de sopa de sal
- 2 dentes de alho
- 2 colheres de sobremesa de caldo de limão

INGREDIENTES DO MOLHO ESCABECHE

- 100 gramas de cebola cortada em rodelas finas
- 6 colheres de sobremesa de vinagre
- 2 colheres de sobremesa de azeite
- 1 folha pequena de louro e uma pitada de páprica
- 100 gramas de cenoura cortada em fios
- 2 dentes de alho esmagados
- 1 copo de água
- 1 colher de café de sal

MODO DE FAZER

Temperar os filés de peixe com sal, alho socado e caldo de limão; escorrer e grelhar.

Para preparar o molho escabeche, refogar as cebolas ligeiramente, juntar os demais ingredientes (temperos) e ferver. Retirar a folha de louro, acrescentar os fios de cenoura, previamente escaldados, e apagar o fogo.

Regar o peixe com o molho e servir quente ou frio.

Acelga com Arroz

GUARNIÇÃO
cada porção
124 calorias

INGREDIENTES (4 porções)

- 800 gramas de acelga limpa e cortada em pedaços largos
- 6 pernas de aipo (só o branco)
- Caldo de ½ limão
- 1 colher de chá bem cheia de margarina
- 1 colher de chá de sal
- ½ envelope de adoçante
- Uma pitada de cominho
- 250 gramas de arroz branco (pré-cozido)

MODO DE FAZER

Levar ao fogo a margarina com ½ copo de água, o aipo e a acelga; deixar ferver até amolecer a acelga. Acrescentar o suco de limão, sal, adoçante e o cominho; manter em fogo baixo até ficar bem cozida.

Retirar o excesso de água e juntar o arroz, misturando por igual; abaixar o fogo e deixar a panela tampada por 15 minutos. Se for necessário, regar com a água retirada da acelga.

Fritada de Peixe

PRATO PRINCIPAL
cada porção
224 calorias

INGREDIENTES (4 porções)

- 500 gramas de carne de peixe moída
- 300 gramas de tomate sem pele e sem sementes
- 300 gramas de cebola
- 2 dentes de alho
- 100 gramas de pimentão
- 2 colheres de sopa de caldo de limão
- ½ colher de sal e de páprica
- Salsa, cebolinha e coentro a gosto
- 1 colher de café de azeite
- 4 ovos

MODO DE FAZER

Moer a carne do peixe e temperar com sal, alho, limão e páprica. Preparar um refogado rápido com cebola picada, o tomate, o pimentão em cubinhos, a salsa, o coentro e a cebolinha picados e o azeite.

Colocar os temperos numa panela destampada, juntar o peixe moído e deixar refogar, mantendo no fogo até secar. Apagar o fogo.

Esfriar o peixe e acrescentar os ovos, batidos inteiros.

Colocar numa forma redonda ou quatro formas pequenas, com porções iguais. Enfeitar com rodelas de cebola e levar ao forno de 20 a 30 minutos para assar.

Chicória ao Leite

GUARNIÇÃO
cada porção
65 calorias

INGREDIENTES (4 porções)

- 2 molhos grandes de chicória limpa e escaldada
- 1 copo de leite desnatado
- ½ molho de salsa picadinha
- Sal e pimenta a gosto
- 2 colheres de sopa cheias de farinha de trigo

MODO DE FAZER

Cortar a chicória em pedaços grandes, escaldar com água fervendo e escorrer bem.

Colocar na panela o leite desnatado, o sal, a pimenta, a salsa picadinha e a chicória escaldada. Assim que ferver, diminuir o fogo e deixar cozinhar devagar, de 40 a 50 minutos ou até ficar bem tenra.

Torrar a farinha levemente, desmanchar com o molho do cozimento, levar ao fogo para engrossar e acrescentar à chicória.

Iscas de Peixe

PRATO PRINCIPAL
cada porção
269 calorias

INGREDIENTES (4 porções)
- 600 gramas de filé de peixe
- 1 ovo
- 1 colher de sopa rasa de maisena
- 4 colheres de sopa de água
- 2 colheres de chá de sal
- 2 dentes de alho
- Caldo de limão e coentro a gosto

INGREDIENTES DO CREME
- ¾ de lata de milho em conserva ou 2 espigas cozidas sem sal
- 150ml de leite desnatado
- 4 colheres de sobremesa de queijo parmesão ralado
- 1 colher de sopa bem cheia de cebola ralada
- ½ envelope de adoçante

MODO DE FAZER

Cortar o filé tiras largas e temperar com sal, alho, limão e coentro. Deixar marinar por 2 horas.

Refogar a cebola ralada com o adoçante, juntar o milho (com água) e deixar por 5 minutos. Bater o milho no liquidificador com o leite e passar na peneira grossa. Levar ao fogo brando, sempre mexendo, até formar um creme espesso. Temperar com sal, acrescentar o queijo, abrandar com leite ou água e deixar na panela.

Fazer massa com o ovo, a maisena e a água. Secar o peixe, passar rapidamente na massa, fritar em frigideira antiaderente e ir colocando no creme de milho, que deve ser mantido tépido.

Quando o peixe estiver todo na panela, levar ao fogo brando, sacudindo a panela. Retirar assim que ferver.

Servir bem quente.

Bertalha Refogada

GUARNIÇÃO
cada porção
43 calorias

INGREDIENTES (4 porções)

- 2 molhos de bertalha
- 1 colher de café de óleo
- 1 colher de café de sal
- 3 dentes de alho esmagados
- 100 gramas de cebola picada
- 2 colheres de café de vinagre
- Páprica a gosto
- ½ envelope de adoçante

MODO DE FAZER

Colocar as folhas de bertalha numa panela, cobrir com água fervendo, escorrer rapidamente e cobrir novamente com água gelada.

Levar o óleo, o alho, o sal, a cebola e a páprica ao fogo, refogar rapidamente, juntar o vinagre, o adoçante e as folhas escaldadas. Cozinhar abafado por uns 20 ou 30 minutos. Provar de sal.

Peixe à Espanhola

PRATO PRINCIPAL

cada porção
316 calorias

INGREDIENTES (6 porções)

- 900 gramas (6 unidades) de postas de peixe congro-rosa ou badejo sem pele e sem espinha
- 250 gramas de tomate sem pele e sem sementes
- 200 gramas de cebolas
- 1 pimentão pequeno sem sementes
- 1 colher de sobremesa de azeite
- ½ colher de sopa rasa de sal
- 1 dente de alho
- Limão, páprica, coentro e estragão a gosto
- 1 amarrado de salsa e cebolinha
- 500 gramas de batata-inglesa

MODO DE FAZER

Separar as postas de peixe; temperar com sal, alho, limão, páprica, coentro e estragão; deixar marinar por 2 horas.

Cortar as cebolas, os tomates e o pimentão em rodelas finas, e as batatas em rodelas mais grossas.

Untar uma panela que possa ir à mesa com azeite e arrumar da seguinte forma: uma camada de cebola, uma de pimentão, uma de tomate, uma de batata, e outra de peixe; repetir, se necessário.

Cobrir tudo com o azeite restante e o amarrado de salsa e cebolinha.

Levar ao fogo bem fraco para cozinhar. Quando as batatas de cima estiverem cozidas, porém firmes, apagar o fogo. Reservar na própria panela que será usada para servir.

Brócolis na Manteiga

GUARNIÇÃO
cada porção
90 calorias

INGREDIENTES (6 porções)

- 900 gramas de brócolis limpos (folhas, talos e flores)
- 1 colher de sopa rasa de maisena
- 1 colher de sopa de farinha de trigo
- 1 colher de chá de margarina
- ½ cebola
- ½ envelope de adoçante
- Uma pitada de bicarbonato

MODO DE FAZER

Limpar os brócolis e escaldar com sal e bicarbonato.

Levar ao fogo a margarina com a cebola, borrifar com adoçante, maisena e farinha de trigo. Assim que as cebolas ficarem transparentes, juntar os brócolis. Abafar a panela e manter tampada em fogo fraco por 10 a 15 minutos, pingando água quente, conforme necessário.

Servir os brócolis bem quentes junto com o peixe.

Peixe Ensopado com Chicória

PRATO PRINCIPAL
cada porção
240 calorias

INGREDIENTES (4 porções)

- 600 gramas de peixe cortado em cubos médios
- 200 gramas de tomate sem pele e sem sementes
- 200 gramas de cebola
- 50 gramas de pimentão
- 1 molho de cheiro-verde picadinho
- ½ ramo de coentro picadinho
- 2 dentes de alho socados
- Caldo de limão a gosto
- 2 colheres de chá de sal
- ½ cubo de caldo concentrado de galinha
- 2 colheres de chá de azeite
- 1 colher de café de margarina
- 4 molhos de chicória
- Uma pitada de bicarbonato

MODO DE FAZER

Temperar os pedaços de peixe com sal, alho, limão e coentro; reservar.

Preparar um molho tipo moqueca, levando ao fogo os temperos picados (cebola, tomate, cheiro-verde, pimentão, concentrado de galinha, azeite, margarina); deixar refogar sem desmanchar.

Secar o peixe, passar na frigideira antiaderente rapidamente e jogar dentro do molho. Abafar e deixar em fogo fraco por uns 30 minutos.

Retirar os pedaços de peixe, junto com um copo e meio de molho, e reservar.

Escaldar as folhas de chicória rasgadas ao meio (sem o talo) com sal e bicarbonato. Escorrer toda a água, espremendo um pouco.

Jogar a chicória no molho do peixe e deixar no fogo, com a panela tampada, até amaciar as folhas. Se necessário, acrescentar água. Depois, retirar as folhas, juntar ao peixe, separar o molho e reservar para o pirão (receita a seguir).

Pirão de Farinha

GUARNIÇÃO
cada porção
107 calorias

INGREDIENTES (4 porções)

- 4 colheres de sopa de farinha de mandioca
- 1 copo de molho do peixe anteriormente preparado

MODO DE FAZER

Desmanchar a farinha em uma xícara de água fria, juntar o molho de peixe, provar de sal e levar ao fogo para cozinhar.

A farinha deve ficar bem cozida (se for preciso, acrescentar água).

Robalo com Manjericão

PRATO PRINCIPAL
cada porção
115 calorias

INGREDIENTES (6 porções)

- 900 gramas de postas de robalo
- 250 gramas de cebola em rodelas
- ½ molho de manjericão
- ½ cubo de caldo concentrado de galinha
- ½ envelope de adoçante
- 1 colher de café de azeite
- 2 colheres de sopa rasas de leite em pó desnatado
- 1 colher de sopa rasa de maisena
- ½ colher de sopa rasa de margarina
- Limão a gosto
- 2 dentes de alho
- 1 colher de chá de sal

MODO DE FAZER

Temperar o peixe com sal, alho e limão.

Untar a panela com azeite e arrumar camadas alternadas de cebola, peixe e raminhos de manjericão, terminando com cebolas e manjericão. Colocar o cubo de concentrado de galinha esmagado sobre a primeira camada de peixe. Tampar a panela e deixar no fogo brando por uns 40 minutos.

Retirar o peixe, provar de sal, juntar o leite em pó desmanchado em ½ copo de água, a maisena e o adoçante, sempre mexendo, deixar ferver por 5 minutos. Apagar o fogo, juntar a margarina e cobrir o peixe, já colocado numa travessa refratária. Ao retirar o peixe, deixar a cebola e o manjericão que tiverem aderido.

Creme de Palmito

GUARNIÇÃO
cada porção
69 calorias

INGREDIENTES (6 porções)

- 1 vidro de palmito
- 4 colheres de sopa de leite em pó desnatado
- 1 colher de sopa cheia de maisena
- 1 colher de sopa cheia de margarina
- 1 colher de chá de queijo parmesão ralado
- 7 colheres de sopa de cebola ralada
- ½ envelope de adoçante

MODO DE FAZER

Bater no liquidificador metade do palmito, juntamente com o leite, a maisena e ½ copo de água pura. Se a água do palmito não for salgada demais ou ácida, pode-se substituir metade da água pela água do palmito.

Refogar a cebola na margarina sem corar, com um pouco de adoçante. Juntar o creme de palmito e levar ao fogo, mexendo sempre, até encorpar. Se for necessário, juntar mais água.

Cortar o restante do palmito em rodelas iguais. Colocar num refratário. Cobrir com o creme e com o queijo ralado. Gratinar na hora de servir.

Pudim de Peixe ao Molho Rosado

PRATO PRINCIPAL
cada porção
265 calorias

INGREDIENTES (4 porções)

- 600 gramas de filé de peixe limpo
- 4 ovos
- 8 colheres de sopa de cebola picada
- 120 gramas de tomate sem pele e sem sementes
- 3 limões
- 1 colher de chá de sal
- ¼ de molho de coentro
- ½ molho de salsa
- ½ pimentão pequeno (verde)
- 1 colher de sopa de farinha de trigo
- ½ cubo de caldo de galinha concentrado

INGREDIENTES DO MOLHO ROSADO

- 3 colheres de sopa de maionese *diet*
- 1 colher de sopa cheia de leite em pó desnatado
- 3 colheres de sopa de suco de tomate
- ½ cebola ralada e passada na peneira
- 1 xícara de chá de água
- 1 colher de café de sal, mostarda e molho inglês
- ½ envelope de adoçante

MODO DE FAZER

Preparar uma moqueca (ver Dicas) com o peixe, os temperos e o azeite. Separar e coar o caldo; desfiar o peixe e reservar.

Dissolver a farinha em ½ copo de caldo do peixe, misturar com os ovos mal batidos. Acrescentar a mistura ao peixe reservado. Assar em uma forma grande ou em quatro formas menores iguais, untadas com margarina, em banho-maria. Depois de pronto, cobrir o molho rosado.

Para preparar o molho, misturar todos os ingredientes bem desmanchados e levar ao fogo, mexendo até ferver. Apagar o fogo imediatamente.

Silveira Aux Fines Herbes

GUARNIÇÃO
cada porção
126 calorias

INGREDIENTES (4 porções)

- 1 quilo de chuchu em cubos
- 1 colher de sopa bem cheia de farinha de trigo
- ½ colher de café de fermento em pó
- 1 colher de café de margarina
- 100 gramas de cebola picada
- ½ molho de salsa picada
- ¼ de molho de coentro
- 1 colher de café de sal
- ½ envelope de adoçante
- 1 ovo

MODO DE FAZER

Refogar a cebola na margarina com o adoçante e o sal; quando estiver corada, apagar o fogo, colocar o chuchu, polvilhar com a metade da farinha de trigo, tampar a panela e deixar cozinhando em fogo brando. Quando estiver cozido, porém firme, apagar o fogo e retirar para o escorredor.

Cortar os temperos miudinhos (salsa e coentro) e misturar com o chuchu.

Bater a clara em neve, misturar a gema e continuar batendo; em seguida, juntar a farinha peneirada com o fermento e misturar sem bater.

Juntar esta massa ao chuchu.

Assar em tabuleiro untado e polvilhado com farinha de trigo por aproximadamente 15 minutos. Desmanchar com o garfo, como ovos mexidos.

Bacalhau com Grão-de-Bico e Mostarda

PRATO ESPECIAL
cada porção
356 calorias

INGREDIENTES (4 porções)

- 300 gramas de bacalhau limpo e desfiado grosso
- 200 gramas de cebola cortada em rodelas grossas
- 1 colher de sobremesa de vinho branco seco
- 300 gramas de grão-de-bico
- 400 gramas de folhas de mostarda
- 1 colher de chá de azeite
- 200 gramas de mozarela ralada
- ½ colher de café de margarina
- 2 dentes de alho
- 2 colheres de café de sal
- ½ envelope de adoçante

MODO DE FAZER

Colocar o grão-de-bico de molho por algumas horas. Levar ao fogo e cozinhar bem. Bater no liquidificador, passar pela peneira e reservar.

Escaldar a mostarda e reservar.

Deixar o bacalhau de molho de véspera, mudando a água duas vezes. Tirar a pele e as espinhas, desfiar em pedaços grandes e escorrer bem.

Fritar o bacalhau no azeite até ficar bem solto e reservar.

Levar a margarina com o alho socado ao fogo.

Juntar o purê de grão-de-bico, uma colher de sal e refogar, mexendo para não pegar.

Levar a cebola ao fogo com o adoçante e a outra colher de sal. Revirar constantemente até que a cebola esteja transparente, sem corar. Acrescentar o vinho, tampar a panela e deixar a cebola cozinhar.

Para servir, usar um refratário; colocar as folhas de mostarda no fundo, em seguida, o bacalhau. Sobre ele, a cebola; depois, o purê de grão-de-bico e, por fim, a mozarela. Levar ao forno por aproximadamente 30 minutos antes de servir.

Bolo de Bacalhau com Molho de Camarão

PRATO ESPECIAL
cada porção
274 calorias

INGREDIENTES (6 porções)
- 150 gramas de bacalhau desfiado
- ½ colher de café de azeite
- 1 dente de alho moído
- 250 gramas de tomate sem pele e sem sementes
- 150 gramas de cebola moída
- Salsa, cebolinha e coentro a gosto
- 1 colher de sopa de margarina
- 30 gramas de farinha de trigo
- ½ litro de leite desnatado
- 6 ovos
- 30 gramas de passa sem caroço
- Farinha de rosca para polvilhar

INGREDIENTES DO MOLHO
- 300 gramas de camarão limpo
- 1 dente de alho pequeno
- 1 colher de chá de sal
- Caldo de 1 limão grande
- ½ envelope de adoçante
- Uma pitada de fondor e páprica
- 1 colher de café de margarina
- 1 colher de café de azeite
- ¼ de tablete de caldo de galinha concentrado
- ½ cebola moída pequena
- 100 gramas de tomate sem pele e sem sementes
- Metade de 1 pimentão sem sementes
- Um amarrado de cheiro-verde, coentro e cebolinha
- 1 colher de sobremesa de maisena
- 200ml de leite

MODO DE FAZER

Deixar o bacalhau de molho, trocando a água, tirar a pele e as espinhas e desfiar a carne. Fazer um refogado com todos os temperos e o azeite, juntar o bacalhau e deixar em fogo brando por 40 minutos.

Fazer um creme com a margarina, a farinha de trigo e o leite. Juntar o bacalhau ensopado e deixar esfriar. Juntar os ovos com as claras em neve e misturar levemente. Assar em forma pequena de canudo, untada e polvilhada com farinha de rosca; polvilhar também o bolo e levar ao forno em banho-maria. Para servir, dividir o bolo em 6 fatias e cobrir com molho de camarão.

Para preparar o molho, temperar o camarão com sal, limão e alho.

Levar ao fogo o tomate com metade do azeite, a margarina, o adoçante e o concentrado de galinha. Quando estiver bem desmanchado, juntar a cebola, o cheiro-verde, o coentro e a cebolinha amarrados e o pimentão. Abafar a panela e deixar cozinhar por 5 minutos. Juntar o camarão, tampar a panela e deixar cozinhar por 20 minutos. Retirar os camarões e reservar.

Retirar o amarrado de temperos e o pimentão, bater o molho no liquidificador e passar pela peneira. Juntar o leite, a maisena, a páprica e o fondor, provar de sal e de tempero e levar ao fogo para ligar. Apagar o fogo e acrescentar o resto do azeite e os camarões.

Casquinha de Siri

PRATO ESPECIAL
cada porção
213 calorias

INGREDIENTES (6 porções)

- 500 gramas de camarão limpo
- 400 gramas de carne de siri (bem limpa)
- 2 gemas cozidas e 2 gemas cruas
- 50 gramas de miolo de pão amassado
- 150 gramas de cebola picada
- 150 gramas de tomate sem pele e sem sementes
- 3 dentes de alho esmagados
- Coentro, salsa e cebolinha a gosto
- 2 colheres de sopa de queijo parmesão ralado
- 1 colher de sobremesa de farinha de rosca
- Sal e páprica a gosto

MODO DE FAZER

Fazer o refogado de cebola, tomate e demais temperos. Moer o camarão, juntar ao molho e deixar cozinhar por 10 minutos.

Juntar a carne de siri, as gemas cozidas bem batidas, o miolo de pão amassado e continuar mexendo até ligar.

Apagar o fogo, juntar as gemas cruas (fora do fogo) e dividir a massa em 12 porções.

Encher forminhas untadas com uma porção de massa, cobrir levemente com farinha de rosca e queijo parmesão; levar ao forno por 40 minutos antes de servir.

Cada pessoa pode comer 2 forminhas.

Paella Valenciana

PRATO ESPECIAL
cada porção
370 calorias

INGREDIENTES (12 porções)

- 300 gramas de camarão já limpo
- 300 gramas de peixe em tiras
- 300 gramas de lula já limpa
- 300 gramas de carne de galinha ensopada
- 300 gramas de salsicha de ave defumada
- 300 gramas de cebola picada
- 2 dentes de alho
- 1 molho de cheiro-verde
- 1 lata de milho verde
- 1 lata de ervilha
- 300 gramas de pimentão (150 gramas do verde e 150 gramas do vermelho)
- ½ quilo de arroz cru
- 3 colheres de sobremesa de azeite
- Açafrão a gosto
- 2 colheres de sopa de sal (para distribuir)
- Uma pitada de pimenta

MODO DE FAZER

Separar camarões, lulas, e tiras de peixe; temperar com sal e limão.

Ensopar a galinha (se for peito, já cortado em cubos, se for coxa, desfiar a carne depois de cozida), separar o caldo, desengordurar e reservar.

Cortar a salsicha em rodelas e reservar. Picar os pimentões (vermelhos e verdes) em quadrados.

Moer os dentes de alho e as cebolas, levar ao fogo com o azeite e refogar; juntar o caldo do frango, a lula limpa e cortada em anéis, os camarões, o peixe em tiras e deixar cozinhar por 15 minutos; retirar os camarões e reservá-los.

Provar de sal e pimenta, juntar as carnes (frango e salsichas), o cheiro-verde picado e os vegetais (milho e ervilha); deixar ferver e acrescentar o arroz e o açafrão (se necessário, colocar água quente); juntar os pimentões, mexer com cuidado, diminuir o fogo e deixar o arroz cozinhar destampado. Apagar o fogo e cobrir com os camarões.

Peixe ao Coco com Arroz

PRATO ESPECIAL
cada porção
342 calorias

INGREDIENTES (6 porções)

- 1 quilo de filé de congro-rosa em fatias
- 3 tomates maduros sem pele em sem sementes
- ½ cebola média
- 2 pimentões (verde e vermelho)
- 2 dentes de alho
- 1 colher de sopa cheia de azeite
- ½ colher de sopa de sal
- Páprica, salsa, cebolinha e coentro a gosto
- ½ copo de leite de coco industrializado (de preferência desengordurado)
- Suco de 2 limões

INGREDIENTES DE ARROZ

- 250 gramas de arroz cru
- 2 dentes de alho
- ½ cebola pequena ralada
- 1 alho-poró (só o branco, em rodelas)
- ½ copo de leite de coco

MODO DE FAZER

Temperar o peixe com sal, alho, limão e uma pitada de páprica picante; marinar por 2 horas.

Colocar na panela o azeite e todos os temperos cortados (cebola em rodelas, tomate, pimentão, salsa, cebolinha e coentro); tampar a panela e deixar em fogo brando até formar o molho (sem desmanchar os temperos).

Juntar o leite de coco ao molho, arrumar as postas de peixe sobre o molho, tampar a panela e continuar em fogo brando para cozinhar o peixe (30 ou 40 minutos).

Quando o peixe estiver cozido, porém firme, e com bastante molho, tirar uma boa parte deste molho para outra panela, acrescentar água, coar, provar de sal, medir ½ litro e reservar para completar o cozimento do arroz.

Refogar o arroz na panela e acrescentar ½ litro de água. Antes de água secar, juntar o caldo de peixe reservado, o leite de coco e o alho-poró e rodelas; misturar bem e deixar secar.

Servir o peixe com arroz, ambos bem quentes.

Peixe com Couve-Flor Au Gratin

PRATO ESPECIAL
cada porção
255 calorias

INGREDIENTES (6 porções)

- 900 gramas de postas de peixe
- 2 dentes de alho
- ½ cebola em rodelas
- Sal e limão a gosto
- 1 colher de café de azeite
- 1 amarrado de cheiro-verde
- 1 gema
- 3 colheres de sopa de queijo parmesão ralado
- 900 gramas de couve-flor escaldada
- ½ colher de sopa de leite em pó desnatado

MODO DE FAZER

Temperar as postas de peixe com sal e limão; deixar descansar por 1 hora.

Escaldar a couve-flor na panela, coberta com sal, leite em pó e água fervendo para cobrir. Cozinhar por 2 minutos e reservar sem a água.

Esmagar os dentes de alho e cortar as cebolas em rodelas grossas; untar a panela com um pouco de azeite e distribuir sobre o fundo o alho esmagado e metade da cebola cortada. Arrumar as postas de peixe na panela e cobrir com o restante da cebola, do azeite e o amarrado de cheiro-verde. Tampar a panela e cozinhar o peixe em fogo bastante fraco.

Quando o peixe estiver cozido, porém bem firme, retirá-lo da panela, remover a pele e as espinhas e reservar.

Verificar se a cebola e o alho estão bem cozidos e, se necessário, acrescentar um pouco de água. Retirar o cheiro, voltar ao fogo para amaciar e passar tudo pela peneira.

Separar a gema, passar na peneira, bater bem com um garfo e ir desmanchando com o caldo quente do peixe; despejar na panela, sempre mexendo, diminuir o fogo e continuar mexendo até obter um molho espesso, com cuidado para não ferver (fica com aparência de maionese).

Num refratário, arrumar a couve-flor e o peixe, cobrir com o molho e o queijo parmesão e levar ao forno para gratinar.

Sanduíche de Atum ao Forno

PRATO ESPECIAL
cada porção
430 calorias

INGREDIENTES (4 porções)

- 8 fatias de pão de forma (2 para cada porção)
- 1 ovo batido
- 1 xícara de café de leite desnatado
- Salsa picada a gosto
- 2 colheres de sopa de queijo parmesão ralado

INGREDIENTES DE RECHEIO

- 320 gramas de atum
- 4 porções de molho bechamel

INGREDIENTES DO BECHAMEL

- 2 colheres de sobremesa de margarina
- 1 colher de sopa rasa de farinha de trigo
- 1 xícara grande de leite desnatado
- Tempero a gosto

MODO DE FAZER

Preparar o molho bechamel e reservar.

Misturar o atum (*que pode ser metade ou parte de bonito*) com o molho bechamel.

Fazer os sanduíches, alternando pão, recheio de atum e, por fim, pão.

Cobrir tudo com uma mistura feita com ovo batido (clara e gema juntas), leite desnatado e salsa picadinha. Polvilhar com o queijo parmesão ralado.

Levar ao forno por 20 a 30 minutos antes de servir.

Suflê de Hadoque

PRATO ESPECIAL
cada porção
242 calorias

INGREDIENTES (6 porções)
- 250 gramas de hadoque
- 500 gramas de carne de peixe cozida
- 200 gramas de cebola
- 1 amarado de salsa, cebolinha e coentro
- 1 folha de louro
- 5 ovos
- Sal, alho e limão a gosto
- 3 colheres de sopa de queijo parmesão ralado

INGREDIENTES DO BECHAMEL
- 2 copos de leite desnatado
- 5 colheres de farinha de trigo torrada
- 3 colheres de sopa de cebola ralada fina
- 1 colher de sobremesa cheia de margarina

MODO DE FAZER

Colocar o hadoque de molho no leite de véspera. Coar o leite e reservar. Tirar a pele e as rebarbas do hadoque.

Temperar o peixe com sal, alho e limão.

Cortar a cebola em rodelas (para ensopar o peixe) com salsa, cebolinha, coentro e louro.

Desmanchar a carne de hadoque e desfiar o peixe ensopado; misturar as duas carnes.

Preparar o bechamel, juntar as carnes de peixe e levar ao fogo para ligar. Deixar esfriar.

Antes de servir, juntar as gemas uma a uma, bater as claras em neve firme, juntar à massa e misturar levemente. Colocar num prato refratário, cobrir com o parmesão, levar ao forno por 15 a 20 minutos e servir em seguida.

Torta de Peixe com Brócolis

PRATO ESPECIAL
cada porção
257 calorias

INGREDIENTES (4 porções)

- 700 gramas de pedaços de peixe
- 1 copo de leite desnatado
- 600 gramas de brócolis limpos
- 1 colher de chá de azeite
- 2 ovos
- 150 gramas de tomates
- 100 gramas de cebolas em rodelas
- Sal, limão, alho e coentro a gosto

MODO DE FAZER

Preparar um ensopado de peixe com a metade do azeite e os temperos. Separar os pedaços. Escaldar os brócolis, separar as folhas e cortar à mineira (em tiras grossas).

Desmanchar os ovos com uma faca (sem bater), misturar com o leite, juntar o restante do azeite e mais temperos, se desejar.

Forrar um refratário com as folhas dos brócolis, cobrir com o ensopado de peixe, espalhar as folhas dos brócolis por cima e cobrir tudo com o leite já preparado; levar ao forno 15 minutos antes de servir.

Vatapá

PRATO ESPECIAL
cada porção
211 calorias

INGREDIENTES (12 porções)

- 1 quilo e 200 gramas de moqueca de peixe (só a carne)
- 600 gramas de moqueca de camarão (sem o molho)
- 1 quilo e 300 gramas de purê de cenoura
- 1 colher de sobremesa de azeite
- 1 colher de sopa de amendoim torrado e moído
- 1 colher de sopa de camarão seco torrado e moído
- ½ colher de café de gengibre moído
- 1 vidro de leite de coco de baixo teor de gordura
- Pimenta-malagueta ou páprica a gosto

INGREDIENTES DA MOQUECA DE PEIXE

- 1 quilo e 800 gramas de posta de badejo, cherne ou congro-rosa
- 1 cabeça de badejo ou cherne de aproximadamente 1 quilo e meio
- ½ quilo de tomate maduro sem pele e sem sementes
- 300 gramas de cebola picada
- 100 gramas de pimentão picado
- Sal, limão, páprica e alho
- 1 molho de salsa e cebolinha picado
- 1 amarrado de coentro
- ½ vidro de leite de coco de baixo teor de gordura
- 2 colheres de sopa de sal
- 4 dentes de alho

INGREDIENTE DA MOQUECA DE CAMARÃO

- 600 gramas de camarão já limpo
- 200 gramas de tomates maduros sem pele e sem sementes

- ½ pimentão sem sementes
- 1 colher de chá de azeite
- ½ tablete de caldo concentrado de galinha
- Limão e páprica a gosto
- 1 colher de sopa de cebola ralada
- 1 amarrado de cheiro-verde
- ½ vidro de leite de coco de baixo teor de gordura
- ½ colher de sopa de sal
- 1 dente de alho

MODO DE FAZER

1ª Etapa — moqueca de peixe

Temperar o peixe e a cabeça (separada) com limão, sal e alho

Levar ao fogo o azeite com os demais temperos — tomate, cebola, páprica, salsa e cebolinha — e refogar rapidamente. Colocar as postas de peixe sobre os temperos, regar com meio vidro de leite de coco, cobrir com um amarado de coentro, tampar a panela e cozinhar em fogo brando, sem deixar o peixe desmanchar. Retirar os pedaços limpos de peixe (só a carne) e reservar.

Na mesma panela, colocar a cabeça do peixe no molho, acrescentar ½ vidro de leite de coco, abafar e deixar cozinhar bem; pode acrescentar água. Retirar toda a carne da cabeça e juntar ao molho. Escaldar os ossos da cabeça com pouca água, coar sobre o molho e reservar.

2ª Etapa — moqueca de camarão

Temperar os camarões com sal, alho e limão.

Fazer um molho com o tomate bem desmanchado; colocar a cebola, o concentrado de galinha e o azeite até ficar bem desmanchado. Juntar o pimentão, o camarão, o amarrado de cheiro-verde e regar com o leite de coco. Deixar no fogo por 15 minutos. Retirar o cheiro e o pimentão, separar os camarões limpos e o molho; reservar.

3ª Etapa

Preparar (com antecedência) um purê de cenoura: cozinhar as cenouras com pouco sal, passar pelo liquidificador, peneirar e levar ao fogo até soltar da panela. Juntar aos molhos do peixe, incluindo as migalhas que sobraram do molho do peixe, e do camarão. Bater no liquidificador e reservar.

4ª Etapa

Colocar 1 vidro de leite de coco na panela, igual porção de água, acrescentar o amendoim torrado e socado, a farinha de camarão seco torrado, o gengibre ralado e levar ao fogo. Ferver por 5 minutos, bater no liquidificador e juntar ao molho preparado.

Passar o molho pela peneira, acrescentar o purê de cenoura e levar tudo ao fogo, mexendo de vez em quando, até obter um creme espesso e homogêneo. Juntar os pedaços de peixe e o camarão. Apagar o fogo, acrescentar o azeite e o vatapá está pronto.

Fazer um pirão com 180 gramas de creme de arroz (farinha) desmanchado em 2 copos de água, 1 colher de café de óleo e sal a gosto. Levar ao fogo até que fique bem cozido, acrescentando água, se necessário.

6 | MASSAS

Ai, como amo as massas! Já dei até depoimento sobre o meu vício de comer pizza. Com chope é o ideal, mas deixa estar que com guaraná *diet* é um delírio. Adoro pizza fininha, simples, sem muitos ingredientes. Minha preferida é a marguerita com tomates e manjericão. Mas, às vezes, num ato de desvario, ataco de portuguesa e fico culpada até desgastar aqueles 300 gramas a mais que a balança acusou.

Algumas vezes, fiz testes para verificar o quanto a massa afeta meu peso.

Almocei durante cinco dias um prato de macarrão — talharim, espaguete ou parafuso, regado só com uma colherinha de manteiga ou azeite e cebola. Comi um prato bem cheio e não engordei nada.

Depois, comi ½ pizza média e não tomei chope. Neste caso, também não engordei.

Tentei uma pizza média sem chope e no dia seguinte tinha ganhado 200 gramas.

Experimentei ½ pizza média com um chope e a balança mostrou 400 gramas.

Comi 1 pizza média com dois chopes e acabei ganhando um quilo.

Após esta última orgia gastronômica, as bicicletas ergométricas que tenho na academia ficaram sobrecarregadas, pois precisaram funcionar pela manhã e à tarde, como se fossem culpadas pelo meu pecado capital. E aí acabei chegando a uma conclusão: pizza com chope é bom, mas muito, muito cansativo.

Canelone aos Quatro Queijos

PRATO ESPECIAL
cada porção
468 calorias

INGREDIENTES (6 porções)

- 6 ovos inteiros
- 225 gramas de farinha de trigo
- 3 xícaras de chá de leite desnatado

INGREDIENTES DO RECHEIO

- 250 gramas de massa de abóbora assada (750 gramas de abóbora japonesa)
- 1 ovo
- 250 gramas de queijo parmesão ralado
- 150 gramas de queijo fundido
- Uma pitada de noz-moscada ralada
- 150 gramas de ricota amassada
- Sal a gosto

INGREDIENTES DO MOLHO DE GORGONZOLA

- 50 gramas de queijo gorgonzola ($1/5$ do tablete)
- Bechamel preparado com: $2/3$ de colher de café de margarina, 100 gramas de farinha de trigo, 1 ½ colher de sopa de cebola ralada, 2 xícaras de leite desnatado
- 2 colheres de sopa rasa de extrato de tomate
- 1 colher de café de margarina
- 1 copo de caldo de frango desengordurado

MODO DE FAZER

Desmanchar os ovos com uma faca até ficarem bem lisos; juntar a farinha de trigo aos poucos e misturar bem; acrescentar o leite aos poucos, formando uma mistura homogênea. Passar pela peneira para desmanchar grânulos. A massa deve fica mais grossa que a das panquecas.

Fazer os canelones na chapa e cortar todos iguais, num total de 12 unidades; reservar.

Para fazer o recheio, retirar as sementes e os fiapos de abóbora e levar ao forno brando para secar (de 20 a 30 minutos).

Retirar a polpa da abóbora com uma colher, amassar bem, juntar a ricota, o queijo fundido amassado e o ovo desmanchado com a faca; passar tudo pela peneira, juntar o queijo parmesão, temperar com sal e noz-moscada; reservar.

Para preparar o molho, desmanchar o extrato de tomate no caldo de frango desengordurado, juntar o bechamel e ferver; apagar o fogo, juntar a margarina e o gorgonzola esmagado e mexer até homogeneizar.

Arrumar o prato, dividindo o recheio em 12 porções iguais para rechear os canelones e enrolar. Arrumar de 2 em 2 (1 porção). Cobrir cada porção com ⅙ do molho e borrifar com uma colher de chá de parmesão ralado. Na hora de servir, levar ao forno para gratinar levemente.

Canelone Misto com Molho de Ameixa

PRATO ESPECIAL
cada porção
445 calorias

INGREDIENTES DO RECHEIO (6 porções)

- 150 gramas de ricota esmagada
- 150 gramas de presunto magro e moído
- 1 colher de sopa de salsa picadinha
- 1 colher de sobremesa de queijo parmesão ralado
- 1 ½ colher de sopa de leite desnatado
- ¼ de colher de café de maisena

INGREDIENTES DO MOLHO

- 2 xícaras de caldo de frango desengordurado (½ tablete)
- 75 gramas de ameixa-preta
- 1 colher de chá de maisena
- Sal a gosto

MODO DE FAZER

Preparar 12 canelones, seguindo a receita dos quatro queijos.

Para fazer o recheio, misturar os ingredientes (menos o parmesão) até ficarem bem ligados e acrescentar o leite, engrossado no fogo com a maisena, para homogeneizar. Dividir o recheio em 12 porções, rechear os canelones e reservar.

Para o molho, cozinhar as ameixas no caldo de frango até ficarem bem macias.

Descaroçar as ameixas, bater com todo o caldo no liquidificador e passar pela peneira. Provar de sal e medir; se necessário, acrescentar mais caldo para obter 300ml.

Levar ao fogo e, assim que ferver, juntar a maisena diluída em pouca água para ligar.

Arrumar os canelones de 2 em 2 (1 porção), cobrir cada porção com ⅙ do molho e 1 colher de chá de parmesão. Na hora de servir, levar ao forno para aquecer.

Lasanha à Bolonhesa

PRATO ESPECIAL
cada porção
443 calorias

INGREDIENTES (6 porções)

- 4 ovos inteiros
- 160 gramas de farinha de trigo
- 350ml de leite desnatado

INGREDIENTES DO RECHEIO

- 300 gramas de carne moída
- 125 gramas de tomate sem pele e sem sementes
- 3 colheres de sopa de extrato de tomate
- 1 ou 2 dentes de alho esmagados
- 8 colheres de sopa de cebola ralada
- Sal, páprica e orégano a gosto
- 1 colher de café de óleo
- 150 gramas de mozarela picada
- 60 gramas de presunto magro picado
- 2 colheres de sopa rasas de queijo parmesão ralado

INGREDIENTES DO BECHAMEL

- 1 colher de sobremesa de margarina
- 3 colheres de sopa de farinha de trigo
- 4 colheres de sopa de cebola ralada
- 3 xícaras de leite desnatado
- Sal e adoçante

MODO DE FAZER

Desmanchar os ovos com uma faca até ficarem bem lisos; juntar a farinha de trigo aos poucos e misturar bem; acrescentar o leite aos poucos, formando uma mistura homogênea. Passar pela peneira para desmanchar os grânulos.

Caso não disponha de uma chapa antiaderente para cortar a massa em tiras largas, fritar em frigideira antiaderente como panquecas, todas iguais. Reservar 12 unidades.

Levar ao fogo a carne moída, o tomate, o alho, a cebola e o óleo, com sal e adoçante. Deixar refogar bem, até que adquira cor. Acrescentar o extrato de tomate, a páprica e o orégano, refogar mais um pouco, juntar ¼ de litro de água fervendo e, assim que formar o molho, apagar o fogo.

Salpicar um refratário com um pouco do parmesão e forrar com ⅓ das panquecas partidas ao meio, arrumando para que o fundo fique bem coberto.

Colocar ⅓ de molho de carne sobre as panquecas; salpicar com presunto picado e um pouco de mozarela, cobrir com o bechamel, polvilhar de queijo parmesão e repetir duas vezes, terminando com o parmesão.

Na hora de servir, levar ao forno para gratinar.

Nhoque de Espinafre à Bolonhesa

PRATO ESPECIAL
cada porção
341 calorias

INGREDIENTES (6 porções)

- 1 quilo de espinafre cozido (cerca de 3 quilos bruto)
- 150 gramas de queijo parmesão ralado
- 150 gramas de ricota
- 2 ovos
- 50 gramas de farinha de trigo

INGREDIENTES DO MOLHO À BOLONHESA

- 300 gramas de carne moída
- 200 gramas de tomate sem pele e sem sementes
- 2 dentes de alho esmagados
- 100 gramas de cebola moída
- ½ envelope de adoçante
- 2 colheres de sobremesa de extrato de tomate
- 1 colher de café de sal
- ½ colher de café de óleo
- 1 colher de sopa de molho de soja
- Uma pitada de páprica e orégano

MODO DE FAZER

Escaldar o espinafre com sal; deixar escorrendo até esfriar, espremer com as mãos, picar na tábua e reservar (pode passar no processador ou na máquina).

Bater os ovos inteiros (desmanchar com a faca); depois, juntar a ricota esmagada, a farinha de trigo e a metade do queijo parmesão; por fim, juntar o espinafre batido. Amassar bem, até tornar a mistura homogênea.

Fazer os nhoques, passar na farinha e jogar em pequenas quantidades numa panela com água e sal fervendo; retirá-los assim que vierem à tona.

Escorrer bem e arrumar num refratário, cobrir com o molho à bolonhesa e polvilhar com o restante do parmesão.

Para fazer o molho, colocar tudo (menos o extrato de tomate e o molho de soja) numa panela e refogar, amassando até que a carne fique bem solta e os temperos desmanchados.

Juntar o extrato de tomate e o molho de soja, refogar 1 minuto e ir juntando água quente até obter um molho não muito espesso.

Rigatone de Presunto à Moda da Lombardia

PRATO ESPECIAL
cada porção
480 calorias

INGREDIENTES (6 porções)

- 4 ovos
- 160 gramas de farinha de trigo
- 350 de leite desnatado
- 300 gramas de mozarela em fatias finas

INGREDIENTES DO MOLHO

- 2 colheres de sobremesa rasas de queijo parmesão ralado
- 120 gramas de presunto magro em tiras finas
- 300 gramas de tomate maduro sem pele e sem sementes
- 1 colher de sopa de extrato de tomate
- 75 gramas de cebola picada
- 75 gramas de cenoura picada
- 3 pernas de aipo picado (só o branco e sem as fibras)
- Uma pitada de orégano e manjericão
- Uma pitada de páprica
- ½ colher de café de azeite
- ½ colher de chá de margarina
- ½ colher de café de sal
- ½ envelope de adoçante

MODO DE FAZER

Desmanchar os ovos com uma faca até a mistura ficar bem lisa; juntar a farinha aos poucos, misturando bem; acrescentar o leite e passar a massa pela peneira.

Fritar em grelha e dividir em pedaços iguais (9cm x 13cm seria o ideal) até obter 12 pedaços.

Umedecer ligeiramente cada pedaço da massa e cobrir com uma fatia fina de mozarela; enrolar bem apertado. Cortar cada rolinho em dois e reservar.

Para preparar o molho: pôr a cenoura, a cebola e o aipo para dourar na margarina com o azeite e o adoçante. Juntar os tomates bem amassados com o extrato de tomate (no processador) e deixar cozinhar em fogo alto durante 30 minutos.

Juntar a água necessária para obter 1 litro e passar tudo pela peneira.

Juntar o sal, as ervas e a páprica e deixar ferver; em seguida, juntar o presunto em tirinhas e apagar o fogo.

Cobrir os *rigatones* com o molho; na hora de servir (4 rolinhos por pessoa), acrescentar mais 50 gramas do molho em cada prato e salpicar o queijo parmesão ralado.

Rocambole de Camarão

PRATO ESPECIAL
cada porção
430 calorias

INGREDIENTES (6 porções)

- 6 ovos
- 1 colher de sopa de caldo de laranja
- 6 colheres de sopa rasas de farinha de trigo peneirada
- 1 colher de chá de fermento
- 2 envelopes de adoçante
- Uma pitada de sal
- Margarina para untar o tabuleiro
- 2 colheres de sobremesa rasas de queijo parmesão

INGREDIENTES DO RECHEIO

- ½ quilo de camarão (pesado sem as cabeças)
- 200 gramas de tomate sem pele e sem sementes
- 200 gramas de cebola picada
- ½ tablete de caldo de galinha
- 1 ½ colher de café de azeite
- Limão, alho e sal a gosto
- Cheiro-verde e coentro a gosto
- 2 colheres de sopa rasas de maisena
- 1 colher de sopa cheia de leite em pó desnatado
- Uma pitada de páprica picante
- 2 colheres de sobremesa de queijo parmesão ralado

MODO DE FAZER

Passar as gemas pela peneira, juntar o caldo de laranja, 1 envelope de adoçante e bater até engrossar.

Juntar as claras em neve, uma pitada de sal e bater; em seguida, adicionar o fermento peneirado com farinha e mais 1 envelope de adoçante (opcional). Misturar tudo sem bater.

Despejar a massa em tabuleiro untado e polvilhado com uma colher de chá de farinha de trigo e levar ao forno médio (180°) por aproximadamente 20 minutos.

Virar o rocambole sobre um guardanapo forrado com papel toalha e, ainda quente, cobrir com o recheio. Enrolar rapidamente com a ajuda do guardanapo e manter enrolado até esfriar.

Cortar o rocambole em 6 fatias iguais e cobrir com o molho e o parmesão ralado.

Para fazer o recheio, temperar os camarões com limão, alho e sal. Fazer um bom refogado com as cebolas, os tomates, o azeite, os tabletes de caldo, o cheiro-verde e o coentro e a páprica. Provar de sal e juntar os camarões. Abafar e deixar cozinhar por uns 10 minutos.

Separar os camarões e passar pela máquina de moer, reservando alguns inteiros para enfeitar.

Separar ¼ do molho para cobrir o prato. Juntar os camarões moídos ao restante do molho, o leite e a maisena, levando ao fogo para obter um creme espesso. O recheio deve ficar pronto antes de assar os rocamboles, que devem ser recheados e enrolados ainda quentes. O recheio também deve ser morno para espalhar bem.

Aumentar o molho reservado (¼) e ligar com a maisena. Cortar os camarões ao meio (no sentido do comprimento) e enfeitar o rocambole, que pode ser coberto com o molho e o parmesão ralado.

Quando usar camarões médios ou grandes, aproveitar as cabeças sem barbas e olhos. Temperar as cabeças com sal, alho e limão, cozinhá-las em dois copos de água durante 20 minutos, socar bem e coar em peneira bem fina. Fica excelente para aumentar o molho.

Talharim com Frutos do Mar

PRATO ESPECIAL
cada porção
283 calorias

INGREDIENTES (4 porções)

- 250 gramas de talharim fresco
- 100 gramas de mexilhão cozido e descascado
- 100 gramas de camarão cozido e descascado
- 100 gramas de cogumelo fatiado
- 2 colheres de sopa de salsa picada
- 2 colheres de sopa de queijo parmesão ralado
- 1 ½ copo de molho de aliche
- Sal a gosto

INGREDIENTES DO MOLHO

- 4 tomates vermelhos sem pele e sem sementes
- 2 dentes de alho picados
- 1 cebola pequena picada
- 2 dentes de cravo
- 1 colher de café de sálvia
- Uma pitada de páprica picante
- 2 grãos de pimenta-do-reino e 2 de mostarda moídos na hora
- ½ colher de chá de margarina
- ½ colher de azeite
- ½ envelope de adoçante
- 1 colher de sopa de aliche escorrido e esmagado (se preferir, pode substituir por anchova)

MODO DE FAZER

Cozinhar o talharim, *al dente*, em água fervente, com sal e gotas de óleo. Escorrer a massa e lavar rapidamente com água fervendo; reservar.

Para fazer o molho, refogar a cebola e o alho picados na margarina com o adoçante até ficarem transparentes; acrescentar o azeite e os tomates, tampar a panela e deixar em fogo brando.

Quando os tomates estiverem macios, juntar o aliche e os demais condimentos; mexer com colher de pau e acrescentar 2 copos de água fervendo, incluindo a água de cozimento dos camarões, mexilhões e cogumelos. Provar de sal, ferver por uns 20 minutos, retirar os cravos e passar o molho pela peneira.

Na hora de servir, acrescentar os crustáceos ao molho e levar ao fogo. Quando começar a ferver, juntar o talharim e mexer com um garfo até aquecer a massa. Apagar o fogo, juntar a salsa e metade do queijo, misturar rapidamente, colocar numa travessa aquecida e polvilhar com o restante do queijo.

Talharim Verde à Campanha

PRATO ESPECIAL
cada porção
220 calorias

INGREDIENTES (4 porções)

- 200 gramas de talharim verde (massa crua)
- 2 molhos de espinafre cozido, batido e drenado
- 100 gramas de mozarela
- 200ml de leite (1 copo)
- 1 colher de sobremesa de maisena
- ½ cebola picada
- 2 dentes de alho socados
- 1 colher de chá de margarina
- 4 colheres de sopa de queijo parmesão ralado
- 1 colher de café de óleo
- Orégano e manjericão
- Sal a gosto

MODO DE FAZER

Cozinhar o talharim, *al dente*, em muita água fervente com sal grosso e óleo. Escorrer a massa, lavar em água filtrada rapidamente e reservar.

Fazer um creme verde, refogando o espinafre na margarina com alho, sal, cebola, manjericão e orégano. Juntar o leite e a maisena, bater no liquidificador e levar ao fogo para cozinhar o creme.

Arrumar em prato refratário, ligeiramente untado, metade da massa, metade do creme e metade da mozarela, polvilhar com metade do parmesão e repetir a operação.

Na hora de servir, levar ao forno médio para gratinar.

7 | VEGETARIANOS

Eu tinha só cinco anos e, mesmo assim, quando me sentava à mesa e não via uma travessa de alface, eu me levantava e ia até a horta buscar. Tenho até uma foto bem bonitinha em que estou segurando um enorme regador e usando chapéu de palha, enquanto regava as folhas com meu irmão.

Alface é gostosa, é calmante e dizem que faz bem à vista. Não sei se é coincidência, mas meu pai e meu irmão são míopes, e eu não.

Adoro alface com tomate, cebola, azeite, vinagre e sal. Esta salada acompanha qualquer carne nas refeições que faço em casa. Nem arroz, nem farofa, nem nada. Só esta salada; há anos. Falta de criatividade? Preguiça? Não. Amor. As verduras e os legumes são alimentos indispensáveis para o equilíbrio da saúde. Mas, atenção! Quando crus, gastam mais calorias para serem dirigidos. Cozidos já não dão tanto trabalho ao organismo. Os verdes são aconselhados para os regimes e podem ser consumidos à vontade. Os amarelos e vermelhos são ricos em hidrato de carbono, portanto, devem ser limitados, mas nunca eliminados dos cardápios. Cenoura e abóbora são doces. Beterraba, um mel! Mas não se pode negar as necessidades de ingeri-las pelo valor nutritivo que têm.

Sobre as fibras, surgem a cada dia novas descobertas a respeito da excelência terapêutica na prevenção de várias doenças. Elas são responsáveis pela saúde do intestino, um órgão importante para a vida saudável. É aí que se processa o aproveitamento dos alimentos. Nós somos o que comemos, dizem os estudiosos naturalistas.

Berinjela à Parmegiana

PRATO ESPECIAL
cada porção
442 calorias

INGREDIENTES (4 porções)

- 800 gramas de berinjela cozida
- 6 colheres de sopa de cebola ralada
- 3 dentes de alho esmagados
- ½ colher de café de margarina
- 50 gramas de queijo parmesão ralado
- 400 gramas de mozarela ralada
- 1 copo de suco de tomate
- Sal, adoçante e orégano a gosto

MODO DE FAZER

Cozinhar as berinjelas descascadas em pouca água com sal, escorrer e amassar bem.

Levar ao fogo a margarina com dois dentes de alho, a cebola, o sal e a berinjela; deixar em fogo brando até que a massa fique enxuta; apagar o fogo, juntar a metade do parmesão ralado e reservar.

Preparar um molho, levando o suco de tomate ao fogo com 1 dente de alho esmagado, adoçante e orégano. Juntar igual quantidade de água, provar de sal e deixar ferver.

Arrumar o prato, colocando: metade da berinjela, metade da mozarela ralada, metade do molho e metade do queijo parmesão ralado. Repetir a ordem, terminando com o parmesão. Levar ao forno na hora de servir.

Cozido de Lentilha

PRATO ESPECIAL
cada porção
332 calorias

INGREDIENTES (6 porções)

- 600 gramas de lentilha cozida
- 250 gramas de cebola em conserva (pequenas e inteiras)
- 300 gramas de abóbora madura (sem casca e sem sementes)
- 300 gramas de batata-doce inteira
- 1 dente de alho, louro e cerefólio
- 150 gramas de carne de ave defumada
- 75 gramas de pimentão verde
- 150 gramas de repolho inteiro
- ½ tablete de caldo concentrado de galinha
- 1 cebola pequena ralada
- 1 amarrado de cheiro-verde

MODO DE FAZER

Deixar as lentilhas de molho por, no mínimo, 2 horas.

Preparar os legumes, inclusive a batata-doce, que deve ser mantida inteira.

Desmanchar o caldo de galinha em ½ litro de água, desengordurar o caldo e esfriar.

Colocar as lentilhas na panela e levar ao fogo no caldo frio (que se completa com água); acrescentar ½ folha de louro, o cerefólio, as cebolas inteiras e a carne de ave.

Retirar as cebolas inteiras assim que estiverem cozidas, preparar um refogado com o alho e o resto da cebola ralada, juntar as lentilhas e deixar ferver, provando de sal.

Retirar as lentilhas com a escumadeira até um total de 600 gramas e reservar. Completar o caldo com água e um pouco de sal para cozinhar os legumes, arrumando-os pela ordem: batata-doce, repolho, pimentão e abóbora. Acrescentar um amarrado de cheiro-verde sobre os legumes.

Apagar o fogo assim que os legumes estiverem cozidos, porém firmes.

Retirar os legumes com a escumadeira e passar todo o caldo pela peneira, que deve ser colocado sobre os legumes arrumados. Deve render, no mínimo, 1,5 litro de caldo grosso.

Frigideira Vegetariana Capixaba

PRATO ESPECIAL
cada porção
276 calorias

INGREDIENTES (6 porções)

- 1 quilo e 800 gramas de repolho
- 300 gramas de tomate sem pele e sem sementes
- 100 gramas de pimentão (vermelhos e verdes) picado
- Coentro, salsa e cebolinha a gosto
- ½ xícara de camarão seco, torrado e moído
- 1 colher de café de gengibre ralado
- Uma pitada de páprica
- ¼ de tablete de caldo concentrado de galinha
- ½ vidro de leite de coco de baixo teor de gordura
- 12 ovos
- 1 cebola pequena

MODO DE FAZER

Passar as folhas de repolho cru na máquina de moer carne junto com a metade da cebola e reservar. Escorrer o excesso de água.

Cortar o resto da cebola, os tomates e os pimentões em cubinhos.

Picar todos os temperos verdes e reservar, separar o coentro.

Levar ao fogo os temperos picados com o azeite, o caldo de galinha, o coentro e páprica. Refogar bem com a panela tampada sem deixar desmanchar. Juntar o repolho moído e o leite de coco, abafar a panela e deixar cozinhando por 1 hora, sacudindo a panela sem mexer muito.

Escorrer o repolho, juntar os ovos batidos com uma pitada de sal, salsa de cebolinha. Misturar bem e colocar num refratário. Enfeitar com rodelas de cebola e levar ao forno por 15 minutos.

Massa Verde com Ricota

PRATO ESPECIAL
cada porção
300 calorias

INGREDIENTES (6 porções)

- 300 gramas de massa verde
- 360 gramas de espinafre cozido, amassado e drenado (4 molhos)
- 150 gramas de ricota
- 2 ½ xícaras de leite desnatado
- 4 colheres de sopa de cebola ralada
- 1 colher de chá de margarina
- 2 dentes de alho
- 60 gramas de queijo parmesão ralado
- Sal grosso
- Orégano a gosto

MODO DE FAZER

Cozinhar o macarrão em muita água fervente com sal grosso e 1 colher de chá de óleo. Escorrer a massa, levar em água fervente rapidamente e reservar.

Preparar um creme verde para a massa; refogar o espinafre com a margarina, o alho, o sal, a cebola e o orégano.

Juntar o leite e a ricota, bater no liquidificador e passar pela peneira.

Arrumar o prato com metade da porção de massa, metade da porção de creme, polvilhar com parmesão e repetir a operação.

Panquecas de Espinafre e Mozarela

PRATO ESPECIAL
cada porção
340 calorias

INGREDIENTES (4 porções)

- 1 ovo
- 1 gema
- 7 ½ colheres de farinha de trigo
- 2 xícaras de leite desnatado

INGREDIENTES DO RECHEIO

- 400 gramas de espinafre cozido, drenado e batido (6 molhos)
- 1 colher de café de margarina
- 2 dentes de alho socados
- 1 colher de café de maisena para ligar
- Sal, orégano e manjericão a gosto
- 180 gramas de mozarela picada
- 4 colheres de chá de queijo parmesão ralado

INGREDIENTES DO MOLHO

- 100 gramas de tomate maduro sem pele e sem sementes
- 1 dente de alho socado
- 1 colher de café de extrato de tomate
- ½ envelope de adoçante
- 1 colher de chá de molho de soja
- ½ colher de café de margarina
- 1 colher de chá de orégano
- Sal a gosto

MODO DE FAZER

Desmanchar o ovo e a gema extra com uma faca até ficarem bem lisos; juntar a farinha de trigo aos poucos e misturar bem; acrescentar o leite pouco a pouco, formando uma mistura homogênea. A massa deve ficar fina para que as panquecas também fiquem finas (convém passar pela peneira para desmanchar os resíduos).

Fazer as panquecas todas iguais, em frigideira antiaderente de, aproximadamente, 18cm de diâmetro. Deve render 16 panquecas

Para fazer o recheio, refogar o alho com um pouco da margarina, juntar o espinafre, temperar com sal, orégano e uma pitada farta de manjericão. Deixar no fogo, em panela tampada, por uns 15 minutos; destampar a panela, deixar reduzir a água e ligar com maisena diluída em uma colher de água. Deixar amornar para rechear as panquecas.

Dividir a mozarela em 4 porções de 45 gramas cada uma.

Colocar as panquecas sobre uma superfície plana, espalhar uma colher do recheio na parte central e, por cima, ¼ da porção de mozarela. Enrolar as panquecas sem apertar e colocá-las no prato. Cobrir com o molho e o queijo ralado (4 panquecas por pessoa).

Para fazer o molho, colocar os tomates e o alho numa panela tampada, em fogo brando, juntando sal, margarina e adoçante; deixar até desmanchar. Passar por peneira fina; acrescentar água ao resíduo e peneirar outra vez. Voltar ao fogo, juntando o extrato de tomate, o molho de soja, o sal e orégano.

Salada-Base

ENTRADA
cada porção
18 calorias

INGREDIENTES (6 porções)

- 6 a 8 folhas de alface
- ½ cebola pequena
- 1 pepino médio
- 2 pernas de aipo
- 2 ou 3 rabanetes
- 1 abobrinha escaldada
- 100 gramas de melão ou de abacaxi

MODO DE FAZER

Cortar as folhas de alface para guarnição ou deixá-las inteiras.

Cortar todos os legumes (abobrinha, pepino, aipo e rabanete) e a cebola em cubinhos, inclusive o abacaxi, ou cortá-los à juliana, no caso da salada de melão.

Misturar tudo, exceto a alface, que deve ser colocada em volta do prato, e regar com o molho desejado. Atenção: não usar as duas frutas na mesma salada.

Salada de Abobrinha e Cenoura

ENTRADA
cada porção
20 calorias

INGREDIENTES (4 porções)

- 2 cenouras médias (250g)
- 2 abobrinhas médias (500g)

INGREDIENTES DO MOLHO

- 2 colheres de sopa de suco de laranja
- 1 colher de sopa de suco de limão
- Adoçante a gosto
- Uma pitada de sal e outra de pimenta branca
- ½ colher de café de gergelim moído (facultativo)

MODO DE FAZER

Lascar a cenoura bem fina e reservar (pode ser com o cortador do ralo).

Escovar bem as abobrinhas e cortar em tiras bem finas (sem as sementes).

Colocar as cenouras e as abobrinhas em um recipiente, cobrir com água gelada e deixar por uns 20 minutos.

Drenar os vegetais numa peneira, pressionar ligeiramente e colocar na geladeira.

Misturar bem os ingredientes do molho, despejar sobre a salada e misturar por igual. Servir em seguida.

Salada de Beterraba com Cenoura

ENTRADA
cada porção
42 calorias

INGREDIENTES (4 porções)

- 200 gramas de beterraba cozida
- 200 gramas de cenoura ralada

MODO DE FAZER

Cozinhar a beterraba e cortar em rodelas.

Ralar a cenoura sem casca em ralo grosso, espremer ligeiramente e arrumar junto com a beterraba.

Temperar com molho vinagrete.

Salada Cesare

ENTRADA
cada porção
43 calorias

INGREDIENTES (6 porções)

- 1 pé de alface americana
- ½ xícara de cafezinho de queijo parmesão ralado grosso
- 2 colheres de sopa de salsa bem picadinha
- ¼ de vidro de anchovas em conserva

INGREDIENTES DO MOLHO

- 1 ½ colher de sopa de vinagre
- ½ colher de sopa de azeite
- ½ colher de sopa de óleo
- 1 colher de chá de suco de limão
- ½ colher de chá de mostarda em pasta
- ½ colher de chá de molho inglês
- 1 colher de café de sal
- ½ dente de alho socado
- 1 colher de chá de fondor
- 1 envelope de adoçante
- 1 gema
- ½ pimenta-malagueta

MODO DE FAZER

Juntar todos os ingredientes do molho, com exceção da gema, e triturar bem o sal com o alho e a pimenta.

Colocar a alface rasgada numa saladeira e cobrir com a metade do parmesão e a salsa picada.

Desmanchar bem a gema e acrescentar o molho aos poucos, mexendo muito. Por fim, juntar as anchovas bem esfarinhadas e misturar.

Jogar ⅔ do molho sobre as alfaces e revirar com cuidado. Salpicar o resto do parmesão e do molho sobre cada prato.

Salada Estilo Grego

ENTRADA
cada porção
94 calorias

INGREDIENTES (4 porções)

- 1 alface americana tamanho médio
- 2 tomates médios maduros e firmes
- 1 pepino pequeno (se possível, tipo conserva)
- 1 cebola roxa pequena
- ½ xícara de chá de queijo tipo cottage

INGREDIENTES DO MOLHO

- 1 colher de sopa de azeite
- 1 colher de sopa de suco de limão
- ½ colher de sopa de soja fresca picada
- ½ colher de café de orégano seco
- 1 colher de chá rasa de sal esmagado com alho
- Gotas de adoçante
- Gotas de vinagre branco
- Uma pitada de pimenta moída na hora
- 6 azeitonas pretas picadas

MODO DE FAZER

Rasgar a alface em pedaços e cortar a cebola, os tomates e o pepino em pedaços regulares.

Misturar a alface, os tomates, os pepinos, a cebola e o queijo numa saladeira, cobrir e levar ao refrigerador.

Na hora de servir, misturar os ingredientes do molho (exceto as azeitonas), bater com um garfo e jogar sobre a salada, cobrindo os ingredientes por igual.

Salpicar as azeitonas picada sobre a salada.

Salada de Repolho com Frutas

ENTRADA
cada porção
62 calorias

INGREDIENTES (6 porções)

- 600 gramas de repolho
- 6 pernas de aipo
- 150ml de caldo de laranja
- ½ cebola pequena
- 2 colheres de sopa de maionese *diet*
- 1 colher de sopa de passa málaga (sem caroço e amarela)
- ½ maçã ácida
- ½ envelope de adoçante
- 1 colher de café de mostarda
- Sal a gosto

MODO DE FAZER

Moer o repolho com o aipo e deixar de molho no suco de laranja por, no mínimo, 6 horas (pode ser de um dia para o outro).

Escorrer o excesso de caldo, juntar a maçã e a cebola raladas, a maionese, o adoçante e a mostarda, provar de sal e juntar as passas.

Servir enfeitada com rodelas bem fininhas de rabanetes.

Salada Russa

ENTRADA
cada porção
115 calorias

INGREDIENTES (6 porções)

- ½ lata de ervilha em conserva
- 240 gramas de vagem
- 240 gramas de cenoura
- 240 gramas de batata-inglesa
- 120 gramas de beterraba
- 120 gramas de pimentão
- 1 ovo cozido

MODO DE FAZER

Cortar todos os legumes em cubos e cozinhá-los separadamente (vagem, cenoura, batata e beterraba).

Com um garfo, misturar tudo levemente, acrescentando as ervilhas e o pimentão.

Temperar com molho vinagrete e cobrir com ovo cozido passado na peneira.

8 | SOPAS

Pena que o nosso clima não permita que tomemos sopa todos os dias. Uma sopinha bem-feita e quentinha é reconfortante demais!

Nada melhor para o regime que o primeiro prato de uma sopa gostosa. Sopa também pode engordar, mas só se você quiser. É fácil fazer uma sopa magra, com poucas calorias, principalmente quando se usam os caldos de carne ou galinha desengordurados. Gosto muito de sopa gelada. Algumas são feitas com esse objetivo, mas me lembro muito bem, quando eu chegava dos bailes de formatura, durante os anos dourados, louca de fome, e me entregava ao prazer de tomar a sopa que sobrava do jantar. Fria mesmo, ou melhor, gelada, pois quem tinha coragem de fazer fumaça de madrugada e com os pés triturados de tanto dançar?

Sopa-Base

ENTRADA
cada porção
30 calorias

INGREDIENTES (14 porções)

- 1 quilo de abobrinha italiana com casca e sementes miúdas
- 1 pepino médio
- 2 cebolas pequenas
- ½ repolho pequeno (só folhas brancas)
- 1 amarrado de cheiro-verde
- 4 litros de caldo de galinha desengordurado (6 tabletes)

MODO DE FAZER

Ferver 1 litro de água com os 6 tabletes de caldo de galinha. Deixar gelar e coar no pano; acrescentar mais 3 litros de água.

Colocar na panela todos os ingredientes cortados, o caldo desengordurado e o cheiro-verde.

Depois de cozidos, bater no liquidificador e passar pela peneira.

Dividir em 14 porções e usar para preparar outras sopas.

Se desejar, usar uma porção ao natural como sopa de abobrinha.

Sopa de Aipo

ENTRADA

cada porção
32 calorias

INGREDIENTES (1 porção)

- 1 porção de sopa-base
- 2 pernas de aipo
- 2 copos de água

MODO DE FAZER

Retirar toda a fibra da parte branca do aipo, levar ao fogo as folhas e pontas de aipo e deixar ferver durante 5 minutos. Em seguida, coar a água e misturá-la à porção de sopa-base.

Juntar os pedaços de aipo e levar ao fogo até cozinhar. Provar de sal e servir bem quente.

Sopa de Agrião

ENTRADA
cada porção
32 calorias

INGREDIENTES (1 porção)

- 1 porção de sopa-base
- ½ molho pequeno de agrião
- 1 xícara de água

MODO DE FAZER

Lavar bem e secar o agrião. Picar todo ele, inclusive os talos, e reservar.

Ferver a sopa-base junto com uma xícara de água. Acrescentar o agrião, deixar ferver por mais 3 minutos e servir bem quente.

Sopa de Aspargos

ENTRADA

cada porção
41 calorias

INGREDIENTES (1 porção)

- 1 porção de sopa-base
- 50 gramas de aspargo em conserva
- 3 colheres de sopa de água de conserva do aspargo
- ½ colher de chá de margarina ou manteiga

MODO DE FAZER

Mistura 2 colheres de sopa de água de conserva na sopa-base e ferver.

Aquecer o aspargo com mais 1 colher de sopa da água da conserva.

Num prato quente, colocar os aspargos aquecidos, acrescentar a margarina ou a manteiga e cobrir com a sopa fervendo. Servir em seguida.

Caldo Verde

ENTRADA
cada porção
45 calorias

INGREDIENTES (1 porção)

- 1 porção de sopa-base
- 2 azeitonas verdes
- 1 colher de sopa de água de conserva das azeitonas
- 1 xícara de água
- 3 folhas de couve-manteiga
- ½ colher de café de azeite de oliva

MODO DE FAZER

Levar ao fogo uma porção de sopa-base junto com uma xícara de água, as azeitonas verdes e a água da conserva. Ferver bem para reduzir a água. Em seguida, retirar as azeitonas e abandonar.

Lavar e secar as folhas de couve. Sem os talos grossos, cortar à mineira bem fininhas.

Quando a sopa estiver fervendo, acrescentar o azeite de oliva, a couve e mexer com o garfo para soltá-la. Ferver mais 3 minutos e servir.

Sopa de Cebola

ENTRADA

cada porção
43 calorias

INGREDIENTES (1 porção)

- 1 porção de sopa-base
- 30 gramas de cebola branca
- 1 colher de café de margarina
- Uma pitada de adoçante

MODO DE FAZER

Refogar a cebola cortada em rodelas finas com a margarina e o adoçante. Não deixar corar.

Quando a cebola estiver transparente, acrescentar a sopa-base já aquecida. Deixar ferver e servir.

Se desejar, colocar a sopa sobre uma torrada de glúten e contar mais 15 calorias.

Sopa de Couve-Flor

ENTRADA
cada porção
40 calorias

INGREDIENTES (1 porção)

- 1 porção de sopa-base
- 50 gramas de couve-flor
- 1 copo de água
- Uma pitada de sal

MODO DE FAZER

Separar os raminhos de flores de couve-flor e reservar.

Ferver os talos com o copo de água e o sal. Quando estiverem bem cozidos, passar por uma peneira fina e incorporar à sopa-base.

Levar tudo ao fogo. Depois de fervida, acrescentar os raminhos reservados e deixar até cozinhar as flores, sem desmanchar. Servir bem quente.

Sopa de Entulho

ENTRADA
cada porção
54 calorias

INGREDIENTES (1 porção)

- 1 porção de sopa-base
- 1 colher de sopa de aipo
- 1 colher de sopa de chuchu
- 1 colher de sopa de nabo
- 1 colher de sopa de cenoura
- 1 folha de repolho sem o talo
- 1 colher de sopa de cheiro-verde (salsa e cebolinha)
- 1 copo de água

MODO DE FAZER

Picar todos os ingredientes (aipo, chuchu, nabo, cenoura e cheiro-verde) e reservar.

Cortar a folha de repolho à mineira bem fina e reservar.

Acrescentar o copo de água à sopa-base, juntar todos os legumes picados e cozinhar *al dente*.

Provar de sal, acrescentar o repolho, o cheiro-verde e deixar ferver por mais 5 minutos. Servir bem quente.

Sopa de peixe

ENTRADA
cada porção
218 calorias

INGREDIENTES (6 porções)

- ½ cabeça de cherne ou badejo
- 800 gramas de peixe já limpo
- 1 alho-poró
- 300 gramas de cenoura descascada
- 300 gramas de nabo
- 300 gramas de tomate maduro
- 300 gramas de cebola
- 1 molho de coentro
- Salsa e cebolinha a gosto
- ½ folha de louro
- 1 colher de chá bem cheia de azeite
- 1 xícara de caldo de galinha desengordurado
- Páprica
- Sal a gosto
- Caldo de 2 limões
- 2 dentes de alho
- 1 colher de sobremesa de maisena
- 1 envelope de adoçante

MODO DE FAZER

Lavar a cabeça do peixe com água e limão.

Temperá-la com sal, alho e caldo de limão a gosto.

Cortar a cenoura e o branco do alho-poró em rodelas. Cortar o nabo em metades ou quartos de rodelas; escaldar e reservar.

Levar ao fogo as cebolas, os tomates, a metade do azeite, a páprica e o adoçante; refogar bem.

Colocar o peixe na panela, abafar e manter em fogo brando até cozinhar. Quando o peixe estiver cozido, porém firme, retirar, limpar as espinhas e reservar.

Em outra panela, colocar a cabeça de peixe, os temperos verdes e o louro, cobrindo com o caldo de frango desengordurado e o molho de cozimento do peixe. Deixar ferver por aproximadamente 40 minutos.

Retirar os temperos verdes (exceto o coentro), o louro, a pele, as espinhas e os ossos da cabeça, deixando toda a carne, com cuidado para não passar espinhas e escamas.

Bater no liquidificador, acrescentar água até completar 1 litro e levar ao fogo; juntar os legumes e ferver por 20 minutos.

Ligar com maisena; apagar o fogo e juntar o resto do azeite e os pedaços de peixe reservados.

Sopa de Tomate

ENTRADA
cada porção
71 calorias

INGREDIENTES (4 porções)

- 400 gramas de tomate maduro
- 2 colheres de sopa de leite em pó desnatado
- 2 colheres de sopa de maisena
- ½ abobrinha branca sem casca e sem sementes
- 2 dentes de alho
- 1 colher de chá de margarina
- Sal, manjerona e orégano a gosto
- 1 envelope de adoçante
- 1 colher de café rasa de queijo parmesão ralado
- 1 colher de chá rasa de salsa picada

MODO DE FAZER

Colocar os tomates cortados na panela. Juntar o adoçante, tampar a panela e conservar no fogo até os tomates se desmancharem. Passar pela peneira e reservar.

Refogar as cebolas com metade de margarina e uma pitada de sal. Juntar o alho esmagado, a abobrinha e a água. Quando estiver tudo bem cozido, juntar a manjerona, o leite em pó, a maisena e bater no liquidificador até ficar bem desmanchado.

Misturar com o tomate, peneirar tudo junto, completar 1 litro, provar de sal e levar ao fogo, mexendo sempre até ferver. Apagar o fogo e juntar o resto da margarina.

Depois de servida (no prato), salpicar com queijo parmesão e, bem no centro, colocar um montinho mínimo de salsa picada.

Bortsch Gelada

ENTRADA
cada porção
70 calorias

INGREDIENTES (6 porções)

- 1 litro de caldo de carne desengordurado
- 400 gramas de beterraba descascada e picada
- 250 gramas de repolho
- 200 gramas de cebola
- ½ caixa pequena de suco de tomate
- 2 cabeças de alho-poró (de preferência o branco)
- 1 colher de sopa de pepininhos em conserva
- Uma pitada de erva-doce
- Uma pitada de cominho
- ½ folha de louro
- ½ envelope de adoçante
- Pimenta em grão ou páprica

MODO DE FAZER

Cortar a metade do repolho, sem os talos, bem fininho e reservar.

Cozinhar todos os ingredientes e a outra metade do repolho no caldo de carne. Deixar cozinhar por 2 ou 3 horas. Bater no liquidificador e passar pela peneira.

Levar ao fogo novamente, provar de sal, juntar o restante do repolho cortado e ferver até cozinhar. Não deve ficar muito grossa. Manter no refrigerador. Na hora de servir, juntar ½ colher de iogurte a cada porção.

Gaspacho Andaluz

ENTRADA
cada porção
74 calorias

INGREDIENTES (6 porções)
- 2 tomates médios, maduros e firmes sem as sementes
- 1 pimentão médio, bem verde, cortado em cubos
- 1 pepino médio, sem as sementes, cortado em fatias grossas
- 2 colheres de sopa rasas de extrato de tomate
- ½ xícara de miolo de pão
- ½ colher de café de cominho
- 1 dente de alho esmagado
- 2 colheres de sopa de maionese *diet*
- 2 colheres de sopa de vinagre de vinho (tinto de preferência)
- 3 copos de caldo de frango desengordurado
- 1 colher de chá de sal
- Uma pitada de pimenta-do-reino moída na hora ou ½ colher de café de páprica

INGREDIENTES DA GUARNIÇÃO
- 1 pimentão pequeno cortado em cubinhos iguais
- 1 tomate médio, sem pele e sem sementes, cortado em rodelas finas
- 1 pepino pequeno cortado em cubinhos
- 1 cebola pequena cortada em cubinhos
- ½ xícara de *crotons* (2 fatias de pão de forma cortadas em cubos e torradas)

MODO DE FAZER

Colocar os tomates cortados no liquidificador e bater rapidamente na velocidade mais alta; acrescentar o pimentão e o pepino aos poucos, sempre batendo; por fim, juntar o extrato de tomate e o miolo de pão, batendo até a mistura ficar homogênea. Colocar no refrigerador.

Misturar o cominho e o alho bem triturado numa vasilha, acrescentar a maionese e o vinagre. Combinar esta mistura com o caldo desengordurado e a pasta dos legumes que está no refrigerador.

Passar tudo pela peneira, aproveitando todo o suco. Temperar a sopa com sal e pimenta e manter no refrigerador por 2 ou 3 horas.

Acompanhar com a guarnição servida em pratinhos individuais.

Para fazer a guarnição, misturar os legumes em cubos e colocar no prato, juntamente com as fatias de tomates, a cebola e os *crotons*.

Vichyssoise

ENTRADA
cada porção
67 calorias

INGREDIENTES (4 porções)

- 1 litro de caldo de galinha desengordurado
- 3 alhos-poró (só o branco)
- 50 gramas de aipo picado (só o branco)
- 150 gramas de batata-inglesa cortada em palitos
- 1 colher de farinha de trigo
- 1 colher de chá de manteiga
- 100 gramas de cebola picada
- 50 gramas de creme de leite
- Sal e pimenta branca ou páprica a gosto
- 1 envelope de adoçante
- 1 molho de cebolinha

MODO DE FAZER

Levar ao fogo a manteiga, a cebola picada e o adoçante; borrifar com farinha de trigo e mexer sempre, até dourar. Acrescentar o alho-poró, o aipo, a batata e o caldo de galinha.

Manter em fogo brando até a batata cozinhar.

Bater no liquidificador e passar pela peneira; voltar ao fogo, temperar com sal e pimenta. Apagar assim que ferver.

Deixar esfriar e acrescentar o creme de leite, batendo com um batedor. Manter no refrigerador até a hora de servir em taças de consomê. Antes, porém, colocar nas taças os talos brancos da cebolinha cortados em pedaços bem pequenos.

9 | MUSSES E PASTAS

Com um pouco de criatividade, é fácil pensar que os alhos são bugalhos. Um dia botei a cabeça para funcionar e descobri na ricota a minha eterna companheira. Ricota serve para tudo, ou quase tudo.

Torta doce, torta salgada, musses, pastinhas. Ricota engrossa molho para peixe, molho rosé para salada e até strogonoff.

É, portanto, a ricota que me ajuda a fazer musses ou pastas sem creme de leite e com calorias limitadas. Essas musses ou pastas são a salvação do fim de semana, seja no barco ou na serra. É exatamente nesses momentos de lazer que enfrentamos o maior perigo. Os canapés são a maior tragédia para quem faz dieta. Assim, com a ajuda da ricota, é possível consumir musses ou pastas servidas com verduras, pepino, cenoura e, de vez em quando, com torrada de glúten, sem ter de brigar com a balança no dia seguinte.

Musse de Aipo

APERITIVO
cada porção
130 calorias

INGREDIENTES (6 porções)

- 250 gramas de ricota
- 1 copo de leite desnatado
- 1 pacote de gelatina *diet* de limão
- ½ xícara de aipo picado
- 6 colheres de sopa de maionese *diet*
- ½ dente de alho esmagado
- 1 colher de sopa de vinagre
- 1 colher de sopa de mostarda
- ½ xícara de picles picado

MODO DE FAZER

Dissolver a gelatina de limão em 1 xícara de água fervendo e levar rapidamente ao fogo para diluir toda a gelatina.

Bater tudo junto no liquidificador, exceto os temperos. Quando estiver bem ligado, juntar o alho, o vinagre e a mostarda; continuar batendo.

Virar o creme numa tigela e bater com a batedeira. Acrescentar o picles picadinho, distribuir o creme por 6 taças e manter na geladeira até a hora de servir, guarnecida com uma salada leve.

Musse de Atum

APERITIVO
cada porção
113 calorias

INGREDIENTES (6 porções)

- 1 lata de atum sólido escorrido e amassado
- 250 gramas de ricota
- 2 ½ colheres de sopa de maionese *diet*
- 1 colher de chá de vinagre
- 1 colher de chá de molho inglês
- ½ dente de alho
- 1 colher de sobremesa de mostarda
- 1 envelope de adoçante
- ½ dente de alho
- 1 colher de sobremesa de mostarda
- 1 envelope de adoçante
- ½ colher de café de sal
- 1 xícara de água com 2 colheres de sopa cheias de leite em pó desnatado
- 1 pacote de gelatina sem sabor dissolvido em 1 xícara de água
- 1 colher de sopa de picles picado

MODO DE FAZER

Colocar a gelatina na água fria, deixar desmanchar e levar ao fogo para derreter. Não deixar ferver e mexer com uma colher de metal.

Bater os ingredientes, sem os temperos, no liquidificador até ligar, acrescentar os temperos e bater mais um pouco.

Tirar toda a massa do liquidificador, provar de sal, juntar o picles picado e misturar por igual.

Distribuir por 6 forminhas (de alumínio ou plástico) molhadas e levar ao congelador até 5 minutos antes de servir.

Musse de Frango Defumado

APERITIVO
cada porção
120 calorias

INGREDIENTES (6 porções)

- 250 gramas de ricota
- 180 gramas de peito de frango defumado
- 2 colheres de leite em pó desnatado dissolvido em 1 xícara de água
- 1 envelope de gelatina dissolvido em 1 xícara de água
- 2 ½ colheres de sopa de maionese *diet*
- ½ dente de alho
- 1 colher de chá de mostarda
- 1 colher de chá de vinagre
- 1 colher de sobremesa de molho inglês
- 1 colher de sopa de caldo de frango
- 1 molho pequeno de salsa

MODO DE FAZER

Cortar metade de carne de frango em cubinhos e separar.

Deixar a gelatina de molho na água fria e levar ao fogo para derreter, sem ferver.

Colocar todos os ingredientes — exceto a salsa e o frango em cubinhos — no liquidificador e bater bem.

Retirar do liquidificador, provar de sal e temperos, acrescentar o frango em cubinhos e a salsa bem picadinha. Misturar com cuidado.

Distribuir a musse por 6 forminhas molhadas (alumínio ou plástico) e levar ao refrigerador até 5 minutos antes de servir.

Musse de Gorgonzola

APERITIVO

cada porção
163 calorias

INGREDIENTES (6 porções)

- 250 gramas de ricota
- 1 envelope de gelatina sem sabor dissolvido em 5 colheres de sopa de água
- 1 xícara de água com 2 ½ colheres de sopa de leite em pó desnatado
- 2 ½ colheres de sopa de maionese *diet*
- ½ dente de alho
- 1 colher de chá de mostarda
- 1 colher de café de molho inglês
- 1 colher de café de vinagre
- 1 envelope de adoçante
- Uma pitada de sal
- ½ tablete de queijo gorgonzola desmanchado

MODO DE FAZER

Deixar a gelatina de molho na água fria e levar ao fogo para derreter, sem ferver.

Bater a ricota, o gorgonzola, a gelatina e o leite no liquidificador até ligar. Juntar a maionese e os temperos e tornar a bater. Se desejar, acrescentar uma pequena porção de manjericão, estragão ou orégano a gosto, ou então uma combinação de ervas.

Colocar a musse em 6 forminhas molhadas (alumínio ou plástico) e levar ao refrigerador.

Retirar do refrigerador 5 minutos antes de servir como tira-gosto em torradinhas ou complementando uma salada.

Pasta de Berinjela

APERITIVO
cada porção
48 calorias

INGREDIENTES (6 porções)

- 800 gramas de berinjela
- 1 pimentão verde
- 1 pimentão vermelho
- 2 tomates grandes sem pele e sem sementes
- ½ molho de salsa e cebolinha
- 1 cebola grande picada
- 2 dentes de alho
- 1 ½ colher de sopa de maionese *diet*
- Uma pitada de páprica picante
- 1 colher de chá de molho inglês
- 1 colher de café de molho de soja
- 1 colher de café de mostarda
- 1 colher de chá de sal
- 1 colher de sopa de picles picado

MODO DE FAZER

Cortar a berinjela com casca em pedaços pequenos e misturar com sal; juntar a cebola em pedaços, os dentes de alho, tomates e pimentões picados; misturar bem.

Levar ao forno em tabuleiro untado com azeite e coberto com papel alumínio até que as berinjelas fiquem macias.

Na falta de processador, passar na máquina de moer carne (peça mais fina) e reservar.

Picar, separadamente, o picles, a salsa e a cebolinha.

Misturar a massa de berinjela com maionese, picles, molhos, páprica e mostarda, provar de sal e, por fim, acrescentar a salsa e a cebolinha.

Pasta de Cenoura

APERITIVO
cada porção
97 calorias

INGREDIENTES (6 porções)

- 700 gramas de cenoura descascada
- 1 cebola grande limpa
- 2 colheres de chá de margarina
- 2 dentes de alho
- 1 colher de chá de maisena
- 1 colher de chá de sal
- 10 azeitonas verdes
- 1 ½ colher de sopa de maionese *diet*
- ½ colher de café de mostarda
- ½ colher de sopa de orégano
- ½ colher de sopa de manjericão
- ½ colher de sopa de sálvia
- ½ envelope de adoçante

MODO DE FAZER

Raspar as cenouras e ralar. Colocar na panela com a metade do sal, as ervas aromáticas e todo caldo que soltar das cenouras.

Abafar em fogo brando até cozinhar as cenouras, verificando para não pegar e, se preciso, pingar água.

Refogar as cebolas picadas em metade da margarina, o resto de sal e o adoçante até ficarem transparentes, sem corar.

Misturar a cenoura, a cebola e a maisena; bater no liquidificador até formar um creme.

Levar ao fogo, sempre mexendo, até ficar bem espesso, soltando da panela; se necessário, acrescentar mais uma ou duas colheres de chá de maisena, diluída em 1 ou 2 colheres de água; acrescentar o resto da margarina e apagar o fogo. Depois de frio, temperar com a maionese e a mostarda, provar de sal e juntar a azeitona verde picada.

Pasta de Vagem

APERITIVO
cada porção
48 calorias

INGREDIENTES (6 porções)

- 800 gramas de vagem manteiga limpa
- 1 colher de sopa de sal grosso
- ½ colher de café de bicarbonato
- 2 ovos
- ½ xícara de cafezinho de vinagre
- ½ xícara de cafezinho de água de cozimento da vagem
- ½ cebola pequena ralada
- 4 dentes de alho esmagados
- 1 colher de sobremesa de azeite de oliva
- 1 envelope de adoçante
- 2 colheres de sopa de salsa batidinha
- 1 colher de chá de mostarda
- ½ colher de café de páprica picante

MODO DE FAZER

Cozinhar a vagem com sal grosso e bicarbonato em água fervendo.

Quando estiver macia, guardar a porção da água do cozimento, escorrer bem a vagem, cobrir com água gelada e, em seguida, escorrer de novo.

Bater a vagem no liquidificador, passar pela peneira e levar ao fogo para reduzir a água até aparecer o fundo da panela.

Colocar num recipiente a água do cozimento da vagem, o vinagre, os ovos e desmanchar com batedeira manual. Juntar ao purê de vagem, acrescentar a cebola ralada, o alho esmagado, a páprica picante e o adoçante. Em seguida, levar ao fogo.

Deixar cozinhar, mexendo sempre, até aparecer o fundo da panela. Apagar o fogo, acrescentar azeite e salsa picada. Servir fria.

Patê de fígado de Frango

APERITIVO
cada porção
40 calorias

INGREDIENTES (20 porções)

- 500 gramas de fígado de frango
- 50 gramas de manteiga ou margarina
- 100 gramas de cebola picada
- ½ litro de caldo concentrado de frango
- ½ folha de louro
- 1 colher de café de molho inglês
- 1 colher de café de molho de soja
- Pimenta-do-reino, noz-moscada e orégano a gosto
- Gotas de conhaque (opcional)

MODO DE FAZER

Cozinhar o fígado e a cebola no caldo de frango com a folha de louro.

Quando o fígado estiver bem cozido, tirar o louro e passar na peneira fina, aproveitando todo o caldo do cozimento.

Juntar a margarina, os condimentos secos e bater bem; por fim, misturar os molhos de soja e inglês e, se desejar, as gotas de conhaque. Servir gelado.

10 | MOLHOS

É nos molhos que está o segredo para a diversificação dos grelhados e das saladas.

Um molho gostoso pode ser o carro-chefe de um cardápio. O molho é a alma do negócio.

Durante a dieta é possível usar e até abusar dos molhos. Mas cuidado com os temperos picantes, como a pimenta-do-reino, por exemplo. Um veneno para a saúde.

Coloque no molho todo o seu amor pela cozinha e por quem vai dividi-lo com você. Um molho bem-feito pode ser uma declaração de amor e, quem sabe, um incentivo a um pedido de casamento. Mas, na hora da solidão, ter um molho *diet* na geladeira pode ser a sua salvação.

Molho-base para saladas

INGREDIENTES

- 1 xícara de chá de vinagre de vinho ou de maçã
- 3 xícaras de água
- Alho esmagado, sal, pimenta ou páprica a gosto
- 1 colher de café de açúcar branco ou, em caso de maior rigor, usar adoçante

MODO DE FAZER

Misturar todos os ingredientes, bater bem e guardar na geladeira em vidros esterilizados, hermeticamente fechados.

Esta base, especial para regimes de baixa caloria, pode ser usada ao natural ou combinada, de modo a produzir diferentes e deliciosos molhos.

Na realidade, a base é nula de calorias.

Os molhos dela derivados contam, em geral, 2 ou 3 calorias por colher de sopa bem cheia.

Molho de Aipo

INGREDIENTES

- 6 pernas de aipo
- 1 porção de molho-base
- 1 colher de chá de caldo de limão

MODO DE FAZER

Limpar o aipo de fibras e ralar ou triturar em picador.

Acrescentar o caldo de limão ao molho-base, juntar o aipo triturado e provar de tempero.

Molho de Beterraba com Gengibre

INGREDIENTES

- 1 iogurte desnatado
- 1 colher de sopa de maionese *diet*
- 1 colher de café de mostarda
- 1 colher de café de molho inglês
- 1 colher de café de vinagre
- ½ colher de café de sal
- 1 colher de café de gengibre ralado
- 1 colher de café de gelatina sem sabor
- 3 colheres de sopa de suco de beterraba
- 1 envelope de adoçante

MODO DE FAZER

Ralar 1 beterraba média, espremer bem e reservar o suco.

Colocar a gelatina na panela com 2 colheres de sopa de água e levar ao fogo brando para dissolver.

Ralar o gengibre.

Colocar todos os ingredientes no liquidificador, bater bem e passar na peneira. Se ficar muito espesso, afinar com 1 ou 2 colheres de água filtrada.

Provar de tempero e acrescentar sal ou mais condimentos a gosto.

Este molho, usado à vontade, acrescente, no máximo, 5 calorias à salada.

Molho de Cebola

INGREDIENTES

- ½ porção de molho-base
- 1 cebola média cortada em fatias bem finas
- 1 colher de café de azeite de oliva

MODO DE FAZER

Deixar a cebola cortada marinar em água, açúcar e sal por 1 ou 2 horas.

Escorrer bem e misturar com o molho-base e o azeite de oliva. Provar de sal.

Molho Cremoso de Ervas Finas

INGREDIENTES

- 2 colheres de sopa cheias de ricota esmagada
- ½ copo de iogurte desnatado
- 1 colher de café de sálvia
- 1 dente de alho esmagado
- 1 copo de caldo de galinha desengordurado
- ½ molho de salsa picadinha

MODO DE FAZER

Lavar a salsa fresquinha e secar bem antes de picar bem fina.

Levar todos os ingredientes, menos a salsa, ao liquidificador e bater até obter um molho homogêneo.

Retirar do liquidificador, juntar a salsa picadinha e misturar bem.

Este molho é ideal para ser servido com *carpaccio*.

Cada colher de sopa cheia corresponde a 3 calorias.

Molho de Hortelã com Cenoura

INGREDIENTES

- 1 xícara de suco de cenoura
- 1 colher de sopa de folhas de hortelã picadas
- ½ porção de molho-base

MODO DE FAZER

Ralar 1 cenoura grande e retirar o caldo, espremendo no pano. Reservar 1 xícara.

Misturar a hortelã fresca picadinha com o suco de cenoura.

Juntar o molho-base e provar de sal.

Molho de Maçã

INGREDIENTES

- 1 maçã média
- 1 colher de sopa de caldo de limão
- ½ porção de molho-base

MODO DE FAZER

Ralar a maçã com ou sem casca, cobrir com o caldo de limão e misturar rapidamente.

Acrescentar o molho-base e provar de tempero.

Molho de Tempero Verde

INGREDIENTES

- ½ porção de molho-base
- 1 colher de sopa de salsa picada
- ½ colher de sopa de cebolinha picada
- ½ colher de sopa de coentro picado

MODO DE FAZER

Misturar os ingredientes, provar de tempero e, se necessário, acrescentar sal.

Molho Vinagrete

INGREDIENTES

- 1 xícara de café de vinagre
- 2 xícaras de café de água
- 1 colher de sopa de cebola picada
- 1 colher de sopa de tomate picadinho
- 1 colher de sopa de pimentão
- Sal a gosto
- Uma pitada de adoçante

11 | DOCES E FRUTAS

Eu sempre digo que não sou fã de doces. Tudo mentira. Quando me defronto com um deles, é difícil resistir. E o resultado na balança de um almoço finalizado com sobremesa é catastrófico. Para fazer doce que não engorda é preciso ser mágico ou, então, se chamar Inéa. Inéa Fonseca, nossa querida consultora. Fazer doce de casca de melancia, só mesmo uma *expert* na cozinha e... em economia.

Ambrosia e doce de leite, com reduzido teor calórico, só mesmo aprendendo com a maga da cozinha *light*.

E por que não uma receita mágica?

Bata claras em neve e acrescente adoçante em pó. Bata bem até obter uma boa consistência.

Faça pequenas bolinhas, leve ao forno por alguns minutos e você terá suspiros deliciosos com teor de calorias quase zero. Mas o importante é você acreditar que está saboreando um suspiro de verdade.

Ambrosia

SOBREMESA
cada porção
78 calorias

INGREDIENTES (6 porções)

- ½ litro de leite desnatado
- 4 gemas e 2 calorias
- Casca de limão ou ½ fava de baunilha
- 4 envelopes de adoçante

MODO DE FAZER

Adoçar o leite, juntar a casca de limão ou a fava de baunilha e levar ao fogo para ferver.

Bater as claras em neve e juntar as gemas uma a uma, sempre batendo; despejar esta mistura sobre o leite fervendo e deixar em fogo brando, sem mexer, até os ovos cozinharem.

Em seguida, misturar o doce com colher de pau e manter em fogo brando, sempre mexendo, até que o leite seque e o doce fique bem cozido, como farofa.

Bananada

SOBREMESA
cada porção
72 calorias

INGREDIENTES (6 porções)

- ½ quilo de banana-prata bem madura (sem as cascas)
- 1 colher de sopa de stévia
- 2 colheres de sopa de frutose
- 1 colher de café de aspartame
- 1 pedacinho de canela em pau
- 2 dentes de cravo
- 2 colheres de sopa de caldo de limão

MODO DE FAZER

Limpar as bananas e bater no liquidificador.

Preparar uma calda com a stévia e a frutose em 1 copo de água. Juntar a massa de banana com o caldo de limão.

Levar a panela ao fogo para cozinhar o doce com o cravo e a canela, mantendo a panela tampada.

Pingar água fria sempre que for necessário, tendo cuidado para o doce não pegar no fundo.

Quando o doce começar a escurecer, acrescentar o aspartame e manter em fogo brando, mexendo sempre, até soltar da panela.

Doce de Abacaxi

SOBREMESA
cada porção
75 calorias

INGREDIENTES (6 porções)

- 1 abacaxi pequeno
- 8 envelopes de adoçante
- 2 colheres de sopa de frutose
- 1 colher de chá de aspartame

MODO DE FAZER

Descascar o abacaxi, cortar em rodelas, tirar o miolo e espremer em dois pires.

Picar as rodelas espremidas em 2, 4, ou 8 pedaços e cozinhar com 1 xícara de água e o adoçante.

Depois de cozidos, escorrer os pedaços e reservar. Em seguida, fazer uma calda com a frutose e a água de cozimento reservada, completando, se preciso, até obter 1 copo.

Juntar à calda os pedaços de abacaxi e o aspartame; levar ao fogo brando até dar ponto.

Morangos em Calda

SOBREMESA
cada porção
52 calorias

INGREDIENTES (10 porções)

- 1 caixa de morangos (aproximadamente 800 gramas)
- 2 colheres de sopa de frutose
- 1 colher de sopa de stévia
- 1 colher de chá de aspartame
- 1 copo de água

MODO DE FAZER

Fazer uma calda com a água e os adoçantes.

Colocar os morangos escolhidos e limpos sobre a calda; assim que ferver, retirar os morangos e deixá-los escorrer sobre a calda.

Levar a calda ao fogo para apurar o ponto.

Quando a calda estiver grossa, voltar os morangos à panela e deixar ferver por uns 15 ou 20 minutos.

Ovos Nevados

SOBREMESA
cada porção
90 calorias

INGREDIENTES (4 porções)

- ½ litro de leite desnatado
- 6 envelopes de adoçante
- 2 gemas
- 4 claras
- Casquinhas de limão ou baunilha

MODO DE FAZER

Bater as claras em neve bem firmes com 2 envelopes de adoçante.

Ferver o leite com 2 envelopes de adoçante e a casquinha de limão.

Fazer bolas de clara batida, cozinhar no leite fervendo e ir colocando as bolas num prato. Depois, passar o leite escorrido para a panela.

Bater as gemas com umas gotas de água até dobrar o volume. Juntar 2 envelopes de adoçante e continuar batendo; acrescentar aos poucos o leite fervendo e voltar à panela, sempre mexendo em fogo baixo. Não deixar ferver. Quando o creme estiver encorpado, jogá-lo quente sobre as claras. Servir gelado.

Peras Belle Hélène

SOBREMESA
cada porção
107 calorias

INGREDIENTES (4 porções)

- 4 peras portuguesas bem rijas (aproximadamente 550 gramas)
- 1 colher de sopa de caldo de limão
- 6 envelopes de adoçante
- 1 pedacinho de canela em pau
- 5 colheres de sopa de frutose
- 2 ½ colheres de sopa de chocolate *diet*
- 1 colher de café de xarope de lecitina de soja
- 2 colheres de chá de vinho tipo moscatel
- 1 colher de sopa de essência de baunilha
- 1 colher de chá de maisena
- 1 pitadinha de sal

MODO DE FAZER

Partir as peras ao meio (pode manter o cabo), descascar com cuidado, cobrir com água filtrada e caldo de limão; reservar.

Colocar em panela média o adoçante com 2 xícaras de água e, assim que formar calda fina, juntar o pedacinho de canela em pau e as metades de pera (que não podem ficar superpostas).

Manter a panela tampada em fogo brando até que as peras estejam cozidas, porém firmes. Deixar esfriar e guardar no refrigerador.

Para preparar a cobertura, fazer uma calda com a frutose e 2 xícaras de água.

Misturar numa vasilha o chocolate, a lecitina e o vinho e ir desmanchando com a calda quente; coar a mistura para a panela de calda e mexer em fogo brando para ligar. Deixar amornar.

Desmanchar a maisena com duas colheres de sopa de água, misturar ao molho, acrescentar a essência de baunilha, a pitada de sal e levar ao fogo para engrossar, sempre mexendo com colher de pau.

Servir 2 metades de pera por pessoa, cobertas com o molho de chocolate.

Rocambole de Chocolate

SOBREMESA
cada porção
120 calorias

INGREDIENTES (8 porções)

- 4 ovos
- 6 envelopes de adoçante (ou 3 colheres de café de stévia e 3 de aspartame)
- 1 colher de sopa de farinha de glúten
- 2 colheres de sopa de farinha de trigo
- 1 colher de sopa de chocolate *diet* (ou cacau sem açúcar desengordurado)
- ½ colher de café de fermento em pó
- 1 colher de café de canela em pó
- Uma pitada de sal

INGREDIENTES DO RECHEIO

- 1 colher de sopa de stévia e 1 de aspartame
- 2 colheres de sopa de frutose
- 4 colheres de sopa rasas de chocolate *diet*
- 4 colheres de sopa cheias de leite em pó desnatado
- Essência de baunilha e de vanila a gosto
- 1 colher de sopa de doce de leite *diet*
- 1 copo de leite desnatado

MODO DE FAZER

Preparar o recheio e manter morno.

Peneirar as farinhas, o chocolate, o fermento, o sal e a canela juntos; reservar.

Passar as gemas pela peneira, acrescentar 2 envelopes de adoçante e 1 colher de sopa de água, batendo até duplicar o volume.

Bater as claras em neve firme com 4 envelopes de adoçante, juntar as gemas batidas e continuar batendo até homogeneizar.

Juntar os ingredientes peneirados, tendo o cuidado de misturar bem, sem bater, até que esteja tudo homogêneo.

Despejar em tabuleiro médio (22cm x 34cm) untado com margarina e polvilhado com farinha de trigo e levar ao forno moderado (200°) por aproximadamente 20 minutos.

Assim que assar, virar sobre um guardanapo torrado com papel toalha, cobrir rapidamente com o recheio morno e enrolar com o auxílio de guardanapo. Deixar uns minutos, desembrulhar e colocar na travessa.

Para preparar o recheio de chocolate, fazer uma calda com os adoçantes e um copo de água.

Colocar numa vasilha o chocolate e o leite em pó e cobrir com a calda quente, mexendo até desmanchar bem. Acrescentar a baunilha, vanila e o copo de leite.

Levar ao fogo e ferver até engrossar. Se for preciso, para obter consistência no recheio, acrescentar 1 colher de maisena diluída em igual quantidade de água antes de apagar o fogo. Aparecendo o fundo da panela, apagar o fogo e juntar o doce de leite *diet*.

Spa Salada de Frutas

SOBREMESA
cada porção
40 calorias

INGREDIENTES (6 porções)

- 1 maçã
- 2 laranjas-pera
- ½ abacaxi pequeno
- ¼ de melão
- 1 pera
- 1 envelope de adoçante

MODO DE FAZER

Tirar as peles das laranjas sem desmanchar os gomos, cortá-las em pedaços e reservar.

Cortar o abacaxi e o melão em cubos e mantê-los separados.

Preparar a salada, colocando as frutas em camadas, na seguinte ordem:

• uma porção de melão;

• uma porção de abacaxi;

• uma porção de pera e de maçã que só são descascadas e cortadas em cubos à medida que vão sendo usadas;

• uma porção de laranja, cobrindo a pera e a maçã para que elas não escureçam.

Repetir esta sequência até acabarem as frutas; salpicar com adoçante. Na hora de servir, dividir em 6 taças e cobrir com gelo picado.

Torta de Damasco

SOBREMESA
cada porção
129 calorias

INGREDIENTES (8 porções)

- 4 ovos
- 4 envelopes de adoçante
- 4 colheres de sopa rasas de farinha de trigo
- ½ colher de café de fermento em pó
- Uma pitada de sal
- 1 colher de sopa de caldo de laranja

INGREDIENTES DA GELEIA DE DAMASCO

- 150 gramas de damasco seco
- 2 colheres de sopa de frutose
- 1 colher de chá de stévia
- 1 colher de café de bicarbonato
- 1 colher de chá de maisena

INGREDIENTES DE DOCE DE LEITE

- 2 copos de leite desnatado
- Uma pitada de bicarbonato
- 2 colheres de sopa de frutose
- 1 colher de café de maisena
- 1 colher de café rasa de baunilha

MODO DE FAZER

Untar 2 formas iguais de 20cm e borrifar com farinha de trigo.

Separar as gemas, acrescentar metade do adoçante e o caldo de laranja, batendo até dobrar o volume.

Bater as claras em neve com a outra metade do adoçante, juntar as gemas batidas e continuar batendo.

Acrescentar a farinha, o fermento e o sal, peneirados juntos, e misturar, sem bater, até homogeneizar.

Despejar metade da massa em cada forma e levar ao forno brando (180°). Assim que assar, retirar da forma e deixar esfriar.

Dividir cada bolo em 2, separando as metades de baixo, mais finas, que depois se juntam no meio da torta.

Arrumar a torta, obedecendo a seguinte sequência:
- uma camada de bolo (uma das metades de cima);
- uma cobertura de geleia de damasco;
- uma fatia de bolo (uma das metades de baixo);
- uma cobertura de doce de leite;
- uma fatia de bolo (a outra metade de baixo);
- uma cobertura de geleia de damasco e, por fim, uma camada de bolo (a outra metade de cima).

Para preparar a geleia de damasco, deixá-lo de molho em água com bicarbonato de um dia para o outro.

Trocar a água e levar o damasco ao fogo com os adoçantes; deixar cozinhar até desmanchar. Bater no liquidificador e passar na peneira.

Em seguida, levar a geleia ao fogo com a maisena diluída em uma colher de água para ligar. Provar de doce e apagar o fogo. Se preciso, acrescentar ½ colher de chá de aspartame ou gotas de adoçante.

A sobra da geleia deve ser diluída com um pouco de água e gotas de adoçante para pincelar o bolo.

Para fazer o doce de leite, levar o leite com o bicarbonato e o adoçante ao fogo e deixar reduzir à metade.

Provar de doce, temperar com baunilha, acrescentar a maisena diluída e levar ao fogo novamente, até aparecer o fundo da panela.

Torta de Ricota

SOBREMESA
cada porção
93 calorias

INGREDIENTES (12 porções)

- 300 gramas de ricota
- 2 gemas
- 1 clara
- ½ vidro de leite de coco de baixo teor de gordura
- 1 xícara de leite condensado *diet*
- ½ copo de leite em pó desengordurado
- 2 colheres de sopa de frutose
- 1 colher de sopa de stévia
- 1 colher de chá de manteiga sem sal
- ½ xícara de água
- Raspa de limão
- Baunilha
- 20 gramas de passas

MODO DE FAZER

Preparar o leite condensado *diet*, colocado no liquidificador: o leite em pó, os adoçantes, a manteiga e a água; bater por 10 a 15 minutos até adquirir consistência.

Acrescentar os demais ingredientes, exceto as claras e as passas. Bater até obter a massa homogênea.

Despejar num vasilhame, acrescentar a clara em neve e misturar bem.

Colocar essa mistura em 12 forminhas de empada, sobre as quais são jogadas as passas, ligeiramente envoltas em maisena. Se preferir, colocar a massa numa forma de torta de 20cm de diâmetro. Levar ao forno médio (200°) para assar por 20 minutos. Não deixar corar.

Bom-bocado de mamão

SOBREMESA
cada porção
97 calorias

INGREDIENTES

- 1kg de mamão maduro (sem pele e sem sementes)
- 140g de sorbitol líquido
- 30g de frutose
- 25g de farinha de trigo
- 20g de manteiga sem sal
- 90g de gemas (6 gemas)
- 90g de claras (3 claras)
- 1 pitada de sal
- raspa de 1 laranja
- 10ml de licor de damasco (1 colher de sopa)

MODO DE FAZER

Levar o mamão limpo e cortado à panela, cobrir com o sorbitol e a frutose (sem água). Levar ao fogo brando com a panela tampada.

Quando estiver bem cozido, amassar bem e passar por peneira.

Fora do fogo, juntar os ovos bem desmanchados e peneirados e a manteiga; por último a farinha de trigo, apenas misturando.

Colocar em forminhas de bom-bocado untadas com manteiga e levar ao forno brando por 20 a 25 minutos, retirar morno e colocar em forminhas de papel ou alumínio.

Rende 20 docinhos.

Casca de melancia em calda

SOBREMESA
cada porção
146 calorias

INGREDIENTES

- 2kg de casca de melancia (peso bruto)
- 150g de frutose
- 10g de estévia
- 10g de aspartame
- Essência de hortelã (em gotas)
- 25ml de licor creme de menta (1 cálice pequeno)
- 6g de ácido ascórbico (dissolvido em 1 xícara de cafezinho d'água)
- Álcool de cereais (1 colher de sopa)

MODO DE FAZER

Pré-preparo

Descascar, tirando apenas a película verde escura da casca da melancia e cortar em tiras largas de, mais ou menos 4 cm, no sentido longitudinal. Cortar as tiras em lascas finas, usando o processador e deixando as pontas e sobras para moer. Deve render 650g de lascas.

Preparo

Fazer calda fina com a frutose, a estévia e 1 litro d'água. Colocar as lascas na calda e deixar fervendo em fogo brando, enquanto vai se desprendendo toda a água contida. Provar o doce e acrescentar o aspartame aos poucos até terminar, em seguida, juntar 10 gotas de essência de hortelã e o ácido ascórbico dissolvido. Continuar no fogo até as lascas de melancia ficarem macias e a calda engrossar. Neste momento acrescentar o licor "creme de menta" e mexer a panela até que o doce fique esverdeado. Acrescentar a colher de sopa de álcool de cereais. Apagar o fogo e envasar o doce conforme instruções.

Doce de polpa de melancia

SOBREMESA
cada porção
64 calorias

INGREDIENTES

- 5.700kg de polpa de melancia (7.500kg bruto)
- 100g de sorbitol
- 12,5g de aspartame
- 15ml de suco de limão
- ½ colher de chá de ácido ascórbico
- 3 unidades de cravo
- 1 pedaço de canela
- 1 colher de sopa de álcool de cereais
- 1 colher de sopa de licor (Curaçao ou Cointreau)

MODO DE FAZER

Pré-preparo

Separar a polpa em pedaços e guardar as cascas para aproveitamento posterior; deve render 2,5kg.

Preparo

Ferver a polpa da melancia até soltar toda água. Acrescentar o sorbitol, o cravo e a canela. A esta altura terá perdido 28,7% de água ficando reduzido a mais ou menos 1.700kg. Continuar em fogo médio até formar calda. Acrescentar o ácido ascórbico, o suco de limão e o aspartame e continuar reduzindo a água.

Ao secar a calda, passar a massa por peneira grossa e voltar ao fogo, mexendo com colher de pau até aparecer o fundo da panela. Retirar o cravo e a canela. Provar o doce. Acrescentar o licor e o álcool de cereais, apagar o fogo e envasar.

Geleia de Melancia

SOBREMESA
cada porção
48 calorias

INGREDIENTES

- 3.200kg de polpa de melancia
- 290g de açúcar magro
- Canela e dez unidades de cravo
- 25ml de licor de damasco (Apricot, 1 cálice pequeno)
- 30ml de suco de limão (2 colheres de sopa)
- 8g de pectina sódica (1 colher de sopa)
- 1 colher de chá de ácido ascórbico
- 4g de gelatina vermelha sem sabor (4 folhas)

MODO DE FAZER

Pré-preparo

Separar a polpa da melancia e separar 3.200kg, levar ao fogo a polpa em pedaços grandes, sem água, coberta com adoçante, em panela tampada, até soltar água e reservar. Amassar com colher de pau; acrescentar cravo e canela e manter o fogo médio até ficar bem cozida.

Preparo

No dia seguinte, catar os temperos e alguma semente que possa ter escapulido (pode usar a peneira mas não peneirar). Voltar o doce para a panela e socar bem com a colher de pau ou socador. Acrescentar o limão, o ácido ascórbico, a pectina sódica desmanchada e o licor; manter o fogo forte até secar toda água e mostrar o fundo da panela.

Acrescentar imediatamente a gelatina desmanchada em 1 copo d'água e o álcool de cereais, imediatamente, misturar bem e apagar o fogo.

Envasar. Dura até 6 meses sem abrir, uma vez aberta, manter na geladeira.

Marrom-Glacê

SOBREMESA
cada porção
16 calorias

INGREDIENTES

- 600g de melancia ralada e processada
- 20g de frutose
- 6g de estévia
- 60g de açúcar mascavo magro
- 300g de batata-doce branca processada (500g peso bruto)
- 1 fava de baunilha
- 10g de fécula de batata
- 2 envelopes de adoçante

MODO DE FAZER

Pré-preparo

Raspar a casca verde da melancia (mais ou menos 1,5 kg) e ralar no processador, passando 2 vezes para ficar bem fina.

Esprema a massa num pano. Cobrir com água filtrada, deixar descansar meia hora e tornar a espremer (deve render 600g).

Preparar calda com 20g de frutose e estévia em 1 copo d'água e a fava de baunilha. Juntar logo a massa e deixar descansar de um dia para outro.

Cozinhar a batata-doce branca em pouquíssima água e passar por peneira fina. Caso fique úmida, levar ao fogo, mexendo com colher de pau até secar toda água e reservar 300g.

Preparo

No dia seguinte levar o doce de melancia ao fogo e deixar até reduzir a calda. Misturar as massas de melancia e de batatas, acrescentar o açúcar mascavo peneirado e levar ao fogo para ferver durante 20 minutos.

Doces e frutas

Guardar o doce na panela até o dia seguinte. Levar ao fogo até que a massa esteja bem ligada e seca. Antes de secar a massa, juntar uma calda queimada feita com uma colher de sopa de frutose e duas de água.

Dividir a massa em porções mais ou menos 32g, modelar na forma de marrom-glacê e deixar no sol para secar (deve render 30 unidades).

Colocar uma colher de sopa de fécula de batata peneirada em uma panela pequena e seca e levar ao fogo para torrá-la sem corar. Deixar esfriar e misturar com 2 envelopes de adoçante. Deve ficar bem doce.

Ir umedecendo a farinha aos poucos com água gelada até fazer um glacê fino para envolver as peças que se deixa no ar para secar;

Assim que estiverem secos, embrulhar em papel alumínio e guardar em lugar seco.

Musse de morango

SOBREMESA

cada porção
77 calorias

INGREDIENTES

- 1kg de morangos frescos
- 50g de frutose
- 12g de aspartame
- 40g de leite em pó (4 colheres de sopa)
- 200g de iogurte desnatado
- 8g de gelatina sem sabor
- 10ml de Cointreau (1 colher de sopa)

MODO DE FAZER

Pré-preparo

Colocar os morangos limpos em água com suco de limão por 1 hora. Escorrer os morangos, bater no liquidificador ou processador e passar por peneira fina, obtendo 3 xícaras de suco puro.

Dissolver a gelatina numa xícara d'água e deixar esfriar.

Preparo

Colocar no liquidificador a gelatina dissolvida, o leite em pó, o iogurte e os adoçantes. Bater até que esteja tudo dissolvido e homogeneizado. Juntar todo o suco de morango e acrescentar 10 cubos de gelo, um a um, sempre batendo. Despejar rapidamente em forma molhada e gelada e levar à geladeira.

Se preferir, pode dividir em taças.

Alternativa: servir com creme de leite magro (5g) e morangos inteiros (10g) salpicados com adoçante e contar mais 15 calorias.

Musse de maracujá

SOBREMESA
cada porção
123 calorias

INGREDIENTES

- 140g de polpa de maracujá
- 20g de maisena
- 60g de gemas (4 gemas)
- 140g de claras (4 claras)
- 200g de iogurte natural
- 20g de frutose
- 10g de aspartame
- 12g de gelatina sem sabor

MODO DE FAZER

Pré-preparo

Escolher maracujás polpudos, cortá-los ao meio, raspar o conteúdo; passando por peneira; separar 140g de suco puro;

Desmanchar a gelatina em uma xícara de água fria;

Fazer a calda rala com o adoçante e xícara d'água.

Preparo

Levar o iogurte ao fogo (em fervura), acrescentar as gemas previamente batidas e misturadas com a maisena, até cozinhar.

Juntar o suco de maracujá e apagar o fogo e em seguida, misturar a gelatina.

Levar a calda ao fogo e despejar fervendo sobre as claras batidas em neve e continuar batendo para formar o merengue.

Misturar tudo, batendo bem, provar o doce e, se quiser, acrescentar mais adoçante. Distribuir a massa em taças iguais e levar a geladeira até a hora de servir.

Marshmelow

SOBREMESA
cada porção
106 calorias

INGREDIENTES

- 30g de claras (2 unidades)
- 1 copo d'água
- 50g de frutose
- 100ml de Karo light

Pré-preparo

Colocar numa panela a água, a frutose e o karo. Enquanto ferve a calda, bater as claras em neve bem firmes.

Preparo

Assim que a calda engrossar (ponto de fio), despejá-la fervendo, aos poucos, sobre as claras, sem parar de bater, até a calda acabar.

Continuar batendo até a preparação esfriar.

Manter em geladeira até a hora de servir.

Este livro foi composto na tipologia Minion Pro,
em corpo 11/19, impresso em papel off-white 80g/m²,
no Sistema Cameron da Divisão Gráfica da Distribuidora Record.